GUÍA DE ZOMBIES EN ESPAÑOL

Desde los Orígenes Hasta Cómo Sobrevivir un Apocalipsis Zombie

DRAKE PALMA

© **Copyright 2021 – Drake Palma - Todos los derechos reservados.**

Este documento está orientado a proporcionar información exacta y confiable con respecto al tema tratado. La publicación se vende con la idea de que el editor no tiene la obligación de prestar servicios oficialmente autorizados o de otro modo calificados. Si es necesario un consejo legal o profesional, se debe consultar con un individuo practicado en la profesión.

- Tomado de una Declaración de Principios que fue aceptada y aprobada por unanimidad por un Comité del Colegio de Abogados de Estados Unidos y un Comité de Editores y Asociaciones.

De ninguna manera es legal reproducir, duplicar o transmitir cualquier parte de este documento en forma electrónica o impresa.

La grabación de esta publicación está estrictamente prohibida y no se permite el almacenamiento de este documento a menos que cuente con el permiso por escrito del editor. Todos los derechos reservados.

La información provista en este documento es considerada veraz y coherente, en el sentido de que cualquier responsabilidad, en términos de falta de atención o de otro tipo, por el uso o abuso de cualquier política, proceso o dirección contenida en el mismo, es responsabilidad absoluta y exclusiva del lector receptor. Bajo ninguna circunstancia se responsabilizará legalmente al editor por cualquier reparación, daño o pérdida monetaria como consecuencia de la información contenida en este documento, ya sea directa o indirectamente.

Los autores respectivos poseen todos los derechos de autor que no pertenecen al editor.

La información contenida en este documento se ofrece únicamente con fines informativos, y es universal como tal. La presentación de la información se realiza sin contrato y sin ningún tipo de garantía endosada.

El uso de marcas comerciales en este documento carece de consentimiento, y la publicación de la marca comercial no tiene ni el permiso ni el respaldo del propietario de la misma.

Todas las marcas comerciales dentro de este libro se usan solo para fines de aclaración y pertenecen a sus propietarios, quienes no están relacionados con este documento.

Índice

Introducción — vii

1. El origen de los zombies en la cultura vudú de Haití: ¿de dónde vienen estas criaturas? — 1
2. Tipos de zombies y sus características fundamentales — 21
3. Los zombies en la cultura popular: evolución del mito y sus diferentes representaciones — 55
4. Zombies en la vida real: ¿de verdad existen? — 89
5. ¿Cómo sobrevivir a un apocalipsis zombie? — 97

Conclusión — 143

Introducción

Piel putrefacta, ropa rasgada y sucia, ojos que miran al vacío, ausencia de alma, consciencia y voluntad, pérdida del habla, olor a muerte, sangre podrida, negra y coagulada y un apetito voraz por cerebros humanos… ¿Te suena familiar?

Por décadas, los zombies nos han causado asombro, miedo, intriga y curiosidad por su naturaleza fuera de este mundo. A diferencia de otros seres o entes que conocemos a través de las leyendas populares, ciencia ficción o historias de terror —como los alienígenas, hombres lobo, vampiros o espíritus—, los zombies son unas criaturas cuya conciencia y esencia vital abandona por completo sus cuerpos (por eso se piensa en ellos como *cuerpos sin alma*). Básicamente, los zombies son criaturas vacías, cuerpos huecos. Este ser nos parece espeluznante porque presenta una versión macabra de los humanos.

Los alienígenas o los hombres lobo, por ejemplo, tienen consciencia; se parecen a nosotros no tanto por su forma humanoide o porque son personas hasta que se transforman en otra cosa cada luna llena, respectivamente, sino porque pueden pensar, sentir, razonar. En cambio, los zombies son personas que han perdido ese *factor x*, esa magia, esa chispa que nos hace seres humanos. Diría que el sentimiento causado por la angustia que nos genera la presencia de estas *cosas humanoides* es el sentimiento de lo siniestro. Los zombies son siniestros, ¿por qué? Porque, en efecto, son parecidos a nosotros pero no son literalmente como nosotros. Los zombies fueron personas, pero ahora son otra cosa que nos resulta extraña, rara, desconocida; y, sin embargo, no por ello dejan atrás su ya abandonada vida humana. Los zombies nos inquietan porque nos muestran toda la degradación a la que podemos llegar.

Todas las personas hemos tenido contacto con los zombies, ya sea a través de una película, un libro, un videojuego, un video musical, un relato de terror o cualquier otro medio de representación. Hay todo un universo de conceptos interesantes acerca de lo que son los zombies, de sus orígenes, de sus modos de "vida" (¿o debería decir modos de muerte?), de sus características. Por ejemplo, ¿sabías que no todos los zombies son muertos vivientes? El muerto que regresa a la vida en busca de un jugoso y delicioso cerebro humano es sólo una de las nociones bajo las cuales los zombies aparecen como seres tenebrosos en nuestra cultura.

También tenemos zombies que no murieron antes de convertirse en entes putrefactos, sino que fueron personas infectadas por un virus desconocido y letal. El virus no mata a estas personas, ¡sólo las transforma! Hay cualidades por las cuales podríamos reconocer a un zombie a primera vista, pero con las numerosas y creativas representaciones de este ente que existen en la cultura contemporánea, ¿cómo podemos saber si un ente es o no un zombie? En este panorama, ¿cuáles son los criterios para determinar qué es un zombie y qué no?

Mi afición por los zombies, que es casi un amor que tengo por estos seres y sus historias, comenzó desde que yo tenía una edad muy corta. En ese entonces estaba de moda el PlayStation 1, y con él la saga de videojuegos

Introducción

que después se convertiría en una franquicia de películas, *Resident Evil*.

Jugué la primera entrega de la saga, y me hechicé completamente. La idea de poder ser un policía que luchaba en contra de cosas humanoides extrañas me pareció un asunto alucinante —hasta el día de hoy me emociono cuando escucho los nombres de los protagonistas de esta serie. ¡Y qué decir cuando *Resident Evil* llegó a la pantalla grande! Desde ese momento supe que estas historias trascenderían los años y seguirían renovándose cada cierto tiempo: ¡a las personas nos gusta la adrenalina que sentimos cuando vemos a otros humanos escapando de otros ex-humanos! Bueno, claro que también he tenido vivencias tétricas que me han hecho dudar sobre si de verdad me gusta todo lo relacionado con los zombies.

Lo mejor de este universo zombie y lo que más aprecio es que cada vez toma más fuerza en la cultura y el mundo del entretenimiento; cada vez conocemos más nuevos y frescos relatos que nos atrapan y mantienen con el ojo pelado. Me encanta ver cómo cada quien tiene su propia experiencia con los zombies y entra en contacto con un horizonte de posibilidades de lo más variadas y divertidas.

Introducción

En este libro no busco hacer una lista larga y tendida en la cual nombre a todos los zombies que han existido en la historia de la imaginación humana (¡sería una tarea interminable, aunque entretenida!). Mi objetivo es mostrarte una perspectiva general y amplia, pero no por eso insuficiente, del universo zombie. Te hablaré sobre el origen de estas criaturas, de sus características, de cómo ha ido cambiando la idea de este ser a lo largo de las décadas, de cómo se ha representado a los zombies en los productos de la cultura y, claro que no puede faltar, verás cómo sobrevivir a un apocalipsis zombie (esperemos que este último punto no sea necesario en el futuro cercano).

Conocerás con mayor detalle de dónde viene este concepto que hoy ha tomado mucha fuerza en el mundo del entretenimiento de los tiempos actuales. En realidad, ¡los zombies han existido en nuestro imaginario desde hace más de ochenta años! Esta figura ha ido evolucionando a lo largo del tiempo, y con esa evolución vienen historias nuevas e irresistibles que nos dejan deseando saber más y con el ojo pegado a la pantalla o, en este caso, a la página.

Sin más preámbulos, ¡empecemos!

1

El origen de los zombies en la cultura vudú de Haití: ¿de dónde vienen estas criaturas?

Zombi, zombie, muerto viviente, caminante, infectado… Los nombres para estos seres pueden variar según a quién le preguntes, de tal manera que lo mejor para empezar este capítulo es ofreciendo algunas definiciones y palabras que describan el concepto que queremos explicar.

¿Qué es un zombie? La noción puede traernos muchas ideas a la cabeza, lo cual puede ser bueno o malo dependiendo de nuestros objetivos. Para mí, que la idea misma abarque un espectro tan amplio de tipos de seres y sus características me parece un fenómeno interesante. Lo que ésto nos dice es que los zombies están bien establecidos en nuestra cultura de muchas formas distintas, ¡qué intrigante! Hoy en día, en la modernidad, la cultura tiende a borrar todos los límites dibujados. Es decir, no hay quien niegue que una película de terror no pueda ser una de risa al mismo tiempo.

Todo lo que tiene que ver con el mundo del entretenimiento goza de una libertad creativa que sólo puede entenderse desde la consciencia moderna. Pero bueno, basta de palabrerías. A lo que voy con esto es que definir que un zombie es un muerto viviente significa quedarnos cortos en nuestro desglose del término. Sin embargo, tiene sentido que empecemos por un concepto mucho más sencillo antes de pasar a acciones más específicas.

Un zombie, en su acepción más general y popular, es un ente que ha vuelto a la vida. Una persona muere y regresa a la vida por razones muy diversas (como veremos más adelante). El culto por los zombies empieza con esta explicación, la cual es la más antigua entre todas las que existen actualmente. Seguramente has visto muchas historias de cómo estas personas muertas, sin corazón que late ni cerebro que piensa, regresan de nuevo a la vida y caminan sin parar y sin un rumbo fijo. Pues bien, lo mejor es ir ordenadamente para entender este mito.

. . .

El origen de los zombies en Haití: vudú haitiano, génesis del zombie y popularización del mito

Primero que nada, ¿de dónde viene la palabra *zombie*? Una teoría propone que deriva de la palabra *zonbi* del criollo haitiano. Veremos que hay otras opciones nominales que tienen grafías muy similares entre ellas.

Todas forman nombres que denotan significados que comunican la idea de muerte, de la vida de los espíritus, de las almas, entre otras. A continuación muestro los términos y sus significados:

- *fúmbi*: espíritu
- *mvumbi*: individuo cataléptico o la parte invisible de un hombre o mujer
- *ndzumbi*: cadáver
- *nsumbi*: demonio
- *nvumbi*: cuerpo sin alma
- *nzambi*: el espíritu de una persona que está muerta
- *zombi*: el que retorna o regresa de la muerte

Analicemos el campo semántico de estas palabras. Notemos que todas las definiciones apuntan hacia lo sobrenatural, lo que está fuera de este mundo, y hacia la muerte. Esto no es al azar. Los zombies tienen su origen en la cultura del vudú haitiano, la cual se relaciona con los significados de las palabras enlistadas anteriormente.

Vamos poco a poco.

En el culto a los zombies se tiene por entendido que la idea viene de la cultura vudú haitiana.

Si quisiéramos rastrear el origen de estas criaturas de la noche, nos encontraríamos con que los zombies nacen en medio de rituales vudú realizados en Haití. ¡Sí, estos rituales sí existieron! Pero no creas que los zombies que encuentran su nacimiento en estos rituales son los mismos zombies que vemos en las películas de hoy en día. Ahora veremos más a fondo qué dice esta teoría.

En su génesis, el zombie que nace en el vudú haitiano está relacionado con la esclavitud. Quienes se han dedicado a investigar el origen de esta criatura anotan que el esclavo y el zombie, como se concibe en la cultura haitiana, tienen en común sus rasgos físicos y psicológicos. Las características que comparten son las siguientes: ropa en mal estado y desgastada, hábitos de consumo de alimentos, el uso de un nuevo nombre cuando se entra el estado de zombie o de esclavo, pérdida de la identidad del ser que se era antes de ser zombie o esclavo y la falta de un funeral después de la muerte. ¿Pero por qué se relaciona a la esclavitud con el vudú haitiano y con los zombies? Para entender este punto, hay que aprender un poco de historia.

En primer lugar, la historia de los supuestos zombies que habitaban en Haití está conectada con el pasado de ocupación colonial del país caribeño.

Las palabras que enlistamos anteriormente son de origen africano occidental. Esto es así porque los imperios europeos de Francia e Inglaterra traficaron una gran cantidad de esclavos del continente africano para llevarlos a trabajar en las plantaciones de las Indias occidentales, es decir, en las plantaciones de América. Como cualquier movimiento geográfico, la llegada de esclavos africanos al continente americano tuvo como resultado una mezcla de culturas diferentes; se mezclaron las culturas de Jamaica, Cuba, Haití y África occidental. Ahora bien, ya que la presencia de los esclavos existía en Haití, la idea de los zombies tomó más fuerza porque estas supuestas criaturas eran casi lo mismo que un esclavo. Veamos más de esto a continuación.

Cuenta la historia que todo comienza por las costumbres haitianas y su tradición vudú. ¿En qué consiste este culto que relaciona a los zombies con el vudú y los esclavos?

Pues bien, se cuenta que los jóvenes haitianos, o en general cualquier persona que fuera a ser objeto del ritual, eran sacrificados para que parecieran muertos por medio de una pócima venenosa, el uso de magia o la sugestión hipnótica. El ritual continuaba con la acción de un *houngan*, *bokor* o hechicero vudú, quien revivía a dicha persona con la finalidad de que ésta se convirtiera en una esclava. ¿Qué dicen las investigaciones acerca de esta pócima misteriosa y cómo vuelve esclavas a las personas?

Lo que se cuenta es que este veneno tiene efectos en

los cerebros de las personas. La sustancia que compone este brebaje despoja a quien la consuma de toda su conciencia, razón y voluntad. He aquí por qué la idea de un zombie nació a partir de las investigaciones hechas en Haití. Tal como los esclavos, los zombies también son criaturas sin voluntad y sin nombre; el zombie está atrapado en un eterno caminar sin rumbo, en un eterno trabajo sin cesar. En pocas palabras, los ritos del vudú haitiano buscaban convertir a personas vivas en "zombies" por medio de esta ceremonia que le despojaba a las personas de su alma, conciencia y voluntad. Una vez que la persona revivía o salía de su estado de trance, su cerebro quedaba sólo con la finalidad de seguir a un amo o trabajar en un campo. Las personas quedaban tan intoxicadas que se les consideraba muertas en vida, adivinaste, como a un zombie.

Ahora bien, ¿cómo llegó el conocimiento de estos relatos a nuestras manos? Bueno, hay que recordar lo que mencionamos anteriormente: la historia de la génesis de los zombies está en contacto directo con la ocupación imperial de Francia, Inglaterra y, posteriormente, de Estados Unidos. A finales del siglo XVIII y principios del XIX Haití consiguió independizarse de las colonias europeas que lo tenían bajo su yugo.

. . .

Como suele pasar en la historia que cuentan los poderosos, relatos sobre violencia, canibalismo, sacrificios humanos, rituales misteriosos y actos inmorales se contaron acerca del territorio haitiano. Se cuenta que esto sucedió porque los países imperiales europeos no podían soportar la idea de que la colonia haitiana haya logrado independizarse. Este fue el inicio de los cuentos acerca de los rituales del vudú hatiano en el cual los seres humanos se convertían en seres vivientes. Posteriormente, a principios del siglo XX, Estados Unidos llegó a ocupar el país caribeño. en 1915. No fue sino hasta este año cuando las historias y rumores que ya circulaban desde siglos anteriores acerca de los supuestos "horrores" que sucedían en Haití (horrores para los ojos europeos) se sintetizaron en la idea y palabra "zombie".

Esta parte de la historia es importante porque a partir de la ocupación estadounidense se empieza a formar la idea de zombie como la conocemos hoy en día. En primera instancia, la creación de un personaje terrorífico como el zombie aparece primero con los relatos que los estadounidenses contaban acerca de las costumbres que observaban en el territorio del Caribe. En las décadas de 1920 y 1930 empezamos a ver los primeros relatos de los muertos vivientes que despertaban de sus tumbas en búsqueda de la venganza por su asesinato. Antes, la idea de los zombies sólo se limitaba al concepto de criaturas semi-vivas que trabajan sin cesar en un campo.

Ahora, los muertos vivientes eran criaturas vengativas que revivían de sus tumbas en busca de sus asesinos. Puede que el desconocimiento de los extranjeros de las costumbres de la isla haya tenido como resultado el primer esbozo de la idea de zombie como la conocemos hoy en día. A los ojos de los extranjeros, lo que sucedía en Haití era "extraño". La creación de una figura terrorífica y tétrica que sintetizara esas costumbres tuvo sentido para los conquistadores.

Las historias que se contaban siguieron tomando forma en la cultura popular. Los primeros productos culturales modernos registrados que hayan trabajado con la idea de zombie tal como la conocemos hoy son dos. En primer lugar, tenemos el libro *The Magic Island* (1929) escrito por William Seabrook. Éste libro inspiró la primera película de zombies que se conoce en la actualidad: *The White Zombie* (1932) de Víctor Halperin. Recordemos un poco de historia, y observemos las fechas mencionadas anteriormente. Estos productos culturales vieron la luz en el momento en el cual Estados Unidos ocupaba la isla de Haití (ocupó el país caribeño de 1915 a 1934). Es decir, la cultura del vudú haitiano tomó forma en Estados Unidos como la idea de zombie que actualmente conocemos hoy.

Es en la interpretación del país norteamericano de la cultura haitiana que se sintetiza el concepto de lo que pronto se convertiría en el zombie contemporáneo.

Ahora bien, tanto las historias que llegaban de Haití como los productos culturales que se generaron en Estados Unidos a propósito de la figura de los zombies generaron una serie de investigaciones y escritos llevados a cabo por diferentes intelectuales. Ahora veremos tres de estas investigaciones porque es importante comprender cuál fue la génesis del zombie moderno que hoy habita nuestros libros, pantallas y pesadillas. El primer caso que veremos es uno que ya mencionamos: *The Magic Island* por William Seabrook. Se cuenta que no fueron los relatos en las revistas populares los que hicieron que la figura de los zombies tomara tanta relevancia como hoy vemos que puede llegar a tener. Aquí es donde entra el trabajo de escritores como Seabrook. Este autor, junto con otros que veremos a continuación, creía que los zombies no existían como un relato tenebroso, sino que existían en verdad. Viajó a diferentes lugares antes de llegar a Haití, pues el hombre se autoproclamaba "negrófilo" y disfrutaba de conocer diferentes culturas de África occidental. Pronto llegó a Haití y se unió a los rituales en las ceremonias vudú. Y en Haití, cuenta *The Magic Island* en el capítulo "Muertos vivientes que trabajan en los campos de caña de azúcar", Seabrook conoció a un lugareño que le mostró, a los ya famosos en Estados Unidos, zombies que trabajan en campos nocturnos. Este escritor, relata en el capítulo del ya mencionado libro, mencionó acerca de los zombies que eran "autómatas" que caminaban y se movían como salvajes.

Relata que los ojos de estas personas parecían los ojos de un hombre muerto porque la mirada era fija, desenfocada, como si los zombies miraran a la nada.

Ahora veremos el trabajo de la autora de folclore estadounidense Zora Neale Hurston. Neale Hurston fue antropóloga y escritora; trabajó junto con figuras conocidas en la antropología, como Franz Boas. Neale Hurston es otra de las personas que contribuyeron a la investigación seria que se realizó de los zombies a principios del siglo XX.

Ella escuchó el caso de una mujer llamada Felicia Félix-Mentor, quien presuntamente falleció en 1907. Este caso interesa a la autora porque cuenta la historia que a pesar de haber sido enterrada en 1907, Felicia Félix-Mentor fue vista como zombie treinta años después. Sin embargo, lo que diferencia la investigación de Neale Hurston es que ella estudió el caso de los zombies no porque éstos fueran muertos vivientes, sino porque eran personas sometidas a drogas psicoactivas. Es decir, podemos decir que tomó una inclinación científica para revisar el asunto de la tradición vudú en Haití.

El tercer caso que es ampliamente conocido con respecto al tema de los zombies es el del escritor, antropólogo y etnobotánico canadiense Wade Davis.

. . .

Esta investigación se realizó bastante tiempo después en relación a las demás, pues el antropólogo hizo su trabajo en 1982. Davis viajó a Haití para entender la historia de los zombies. Es importante mencionar que los zombies que Davis quiso estudiar eran zombies ya más parecidos a como los entendemos hoy en día. El mito, en la década de los ochenta, ya era ampliamente conocido gracias a producciones cinematográficas como las de George A. Romero. Las películas de zombies de este director ya habían tomado las riendas del cine de terror con producciones como *Night of the Living Dead* (1968). Observa el año de estreno de *Night of the Living Dead* y el año del trabajo de Davis. ¿No es interesante ver qué tanto creció el mito de los zombies en tan sólo unas décadas? La figura de los muertos vivientes fue tan popular que ésta derivó ya no sólo en investigaciones, sino también ahora en grandes proyectos de cine. Pero volvamos al caso de Davis, pues en el tercer capítulo de este libro hablaremos más acerca de las películas de zombies.

Pues bien, Davis reveló los resultados de la investigación en dos libros diferentes. Primero, *The Serpent and the Rainbow*, publicado en 1985, y *Passage of Darkness: The Ethnobiology of the Haitian Zombie*, de 1988. Davis, como ya había anticipado el trabajo de Neale Hurston, también creía que las sustancias psicoactivas eran las que convertían en zombies a las personas. La sustancia que describe Davis se llama *coup de poudre*, que se traduce como "golpe de polvo", "golpe de pólvora".

Este polvo tiene las capacidades de inducir a quien lo consumiera en un estado de muerte aparente. Como ya mencionamos antes al principio de esta sección, era parte del ritual vudú haitiano inducir a las personas a un estado de muerte para poder enterrarlas vivas. Posteriormente, un hechicero reviviría a la persona con una mezcla diferente de polvos con la finalidad de anular la voluntad de la víctima. Sin voluntad, esta persona podría dedicarse al trabajo del campo.

Un caso de un zombie en la vida real, popularizado por Wade Davis, fue el de Clairvius Narcisse (1922-1962/1994). Este hombre haitiano afirmó haber sido víctima de las prácticas de zombificación. Cuenta la historia que Clairvius fue envenenado por su hermano con una mezcla de polvos para simular su muerte.

Después de la discusión con su hermano, Clairvius fue envenenado. El hombre relata escupir sangre y sufrir náuseas hasta su "muerte" en 1962. Sin embargo, después de haber sido enterrado "muerto", Clairvius fue desenterrado por un brujo. El brujo le dio diferentes brebajes para revivirlo y despojarle de su consciencia y voluntad.

El destino de Clairvius fue el de muchos otros jóvenes zombies: trabajar en una plantación de azúcar.

Hasta que murió asesinado el brujo que era amo del grupo de víctimas zombies, Clairvius recuperó su cordura gracias a que las dosis de polvos zombieficantes disminuyeron. En 1980 se encontró a Clairvius vivo, semidesnudo y en un estado de shock fuera de su pueblo de nacimiento. Finalmente, el hombre falleció por última vez en 1994.

Para terminar de hablar de Davis, vale la pena mencionar que las investigaciones del autor fueron refutadas y finalmente descartadas como trabajos crédulos, profundos y serios.

. . .

Así termina la sección sobre el origen de los zombies en relación con la cultura vudú de Haití. Quiero señalar que las historias de cómo la idea de zombie se sintetizó en Haití son interesantes no sólo por el grado de misterio que las rodea. Notemos que al principio de esta sección comentamos que a los zombies se les equiparaba con los esclavos por las características que tienen en común. Es decir, el relato de cómo nació el mito de los muertos vivientes está conectado con la historia de toda una nación. ¿Te veías venir esa? Yo no, y me parece absolutamente sorprendente. Los zombies no son sólo criaturas sobrenaturales o fantásticas como se cree hoy en día. En su génesis, estas criaturas nacieron de circunstancias políticas, históricas y culturales.

Me pregunto, ¿sin la intervención político-cultural estadounidense existirían las investigaciones de Davis, Neale Hurston y Seabrook? Si Estados Unidos no hubiera popularizado los relatos de las ceremonias vudú haitiano, ¿habrían llamado la atención los cuentos de muertos vivientes que trabajan como autómatas en plantaciones de azúcar? ¿Acaso tendríamos hoy la noción de zombies tal como la conocemos? Como muchas cosas de este mundo, el zombie en su origen primario es resultado de una coyuntura de condiciones históricas y culturales específicas.

El origen de los zombies en la cultura popular

Bueno, seguramente te estás preguntando cuál es el origen de los zombies que son populares en la cultura contemporánea. Los zombies relacionados con la cultura vudú de Haití no son los zombies que crean películas taquilleras o sagas de videojuegos que duran años y años.

Los zombies que invaden nuestras pantallas tienen un origen confuso y misterioso. No hay una sola teoría clara de cómo aparecen estos zombies en nuestras vidas, pero vale la pena comentar algunas ideas que se han trabajado en productos culturales para explicar la existencia de los muertos vivientes.

En el siguiente capítulo comentaremos más a profundidad las características fundamentales de cada zombie dependiendo de su origen. Por lo pronto, conozcamos cómo nacen los zombies que hoy quieren comerse nuestros cerebros.

- Zombies o muertos vivientes

Desde ahora servirá hacer la distinción entre zombies que son personas que murieron y volvieron a la vida y zombies que son personas que han sido infectadas por un virus. El origen de los primeros no está necesariamente claro. George A. Romero, director de cine, fue el primero en traer a la pantalla grande este tipo de zombies. En las películas de Romero no importa tanto de dónde vienen los zombies, sino qué hacen con respecto a los supervivientes. Es decir, ya sea por un virus, un arma nuclear, una mutación genética o la magia de un hechicero, los zombies son personas que vuelven a la vida después de estar muertas. No necesitamos saber qué es lo que les hace salir de sus tumbas y querernos comer los cerebros.

Sin embargo, sí nos importa saber que estos zombies son muertos vivientes. Nos importa porque estos zombies, en la mayoría de los casos, no nos pueden contagiar de lo que sea que les haya hecho ser así. ¡El único requisito para evitar convertirte en un zombie de este tipo es no morir!

Qué afortunado, ¿no? E incluso si murieras, los zombies vueltos a la vida suelen ser personas que ya llevan un tiempo bajo tierra. Si tú llevas más tiempo en el mundo de los vivos, no te preocupes: estás a salvo.

- Zombies que fueron infectados por un virus

La siguiente teoría de cómo aparecen los zombies en nuestro mundo es la teoría popular que muestra que estas criaturas no son muertos vivientes, sino personas que han sido víctimas de una infección causada por un virus o una enfermedad bacteriana. Anteriormente, vimos que un zombie vuelto a la vida también puede existir por un virus. No obstante, recuerda que lo que diferencia a un tipo de zombie y otro es que un virus puede infectar a una persona viva y a una persona muerta. Por un lado, el origen de los muertos vivientes puede estar relacionado con un virus que atacó a muertos bajo tierra. Por otro lado, el origen de los zombies infectados sí sabemos con certeza que se debe a la mutación de un virus que ha llegado a alojarse en los cuerpos y cerebros de personas vivas como nosotros. Ahora sí hay que cuidarse más y, hay que decirlo, ¡tener miedo! Cuando hay una infección zombieficante, los ritmos de contagio son tan rápidos que ni siquiera puedes darte tiempo de juntar suministros y salir de tu casa. Aquí ninguna persona viva tiene tregua, lo cual es una desventaja gigante. No hay que preocuparnos de los muertos porque ellos, seguramente, están más seguros que nosotros quienes vivimos sobre tierra.

Los productos culturales que muestran a personas infectadas por virus zombieficantes sí suelen mostrar de dónde viene ese virus o cuál es su origen. Esto lo veremos en el capítulo tres del libro, ¡así que sigue leyendo!

2

Tipos de zombies y sus características fundamentales

En este capítulo hablaremos sobre los tipos de zombies y sus diferentes características. Si te ha quedado alguna duda de qué es un zombie o cómo puedes identificarlo, espero que este capítulo te sirva para despejar cualquier duda. Pero antes de empezar, quiero que comentemos lo siguiente. Un zombie, independientemente de su origen, puede tomar diferentes formas. Hasta el día de hoy me entretengo con charlas entre aficionados de estas criaturas, quienes debatimos si una persona infectada por un virus puede ser llamada "zombie" como tal. Es decir, ¿qué es un zombie, en el sentido estricto de la palabra? Como dijimos al principio del libro y en el capítulo primero, la historia de esta criatura misteriosa puede llegar a ser muy variada. El mito ha tomado muchas formas, por lo cual no podemos decir en sentido estricto que algo es o no es un zombie. Así que, ¿qué nos queda?

¿Acaso todo y nada es un zombie a la vez?

Para estas dudas está este capítulo. Aquí aprenderemos sobre todas las diferentes definiciones que pueden existir para darle forma, concepto y propósito a las criaturas zombies. Primero, veremos los diferentes tipos de zombies que existen según cómo llegaron a ser lo que son. Tomemos esta sección como una continuación del capítulo anterior. ¿Qué tipos de zombies existen, según el origen que les hizo ser lo que son? Segundo, veremos una descripción de características generales pero fundamentales de los zombies. Aunque existan tipos diferentes, hay un número de cualidades que todas estas criaturas comparten. No podemos cubrir absolutamente todas las características existentes porque sería una tarea imposible, ardua e interminable. Con cada película, serie o cómic nuevo, viene a la vida un tipo de zombie diferente. En el tercer capítulo veremos cómo la historia de los zombies ha ido evolucionando a lo largo de las décadas. Allí ya veremos con mayor profundidad y especificidad con cuántas variantes de zombies nos podemos encontrar allá afuera. Por lo pronto, ¡empecemos!

¿Cuáles son los diferentes tipos de zombies?

No hay un reglamento estricto ni un criterio indiscutible que diga qué tipos de zombies existen.

Esta libertad es buena, pues no necesitamos pedirle a nadie que nos diga qué es un zombie: ¡sólo nos bastamos nosotros mismos para crear las diferentes categorías! Habiendo dicho esto, te mostraré a continuación los diferentes tipos de zombies que yo considero que existen. La lista la creé a partir de mi conocimiento del tema. No excluyo a las personas infectadas por un virus: ¡a ellas también las incluyo aunque no sean muertos vivientes! He decidido hacer mi lista de tipos de zombies a partir del tipo de contagio al cual se vieron sujetas las personas que ahora ya no son personas. Creo que esta división nos servirá porque el mínimo necesario para poder llamar "zombie" a una persona es que esta persona haya estado sujeta a algún tipo de agente que modifique su esencia vital humana. Este agente puede ser un virus, por ejemplo. Aunque hay gente que no cree que un infectado sea lo mismo que un zombie, yo considero que la cultura contemporánea nos ha traído diferentes películas y series que nos demuestran que ambas criaturas comparten características similares. Si queremos ponernos muy estrictos, recordemos que los primeros "zombies" de Haití eran personas privadas de su esencia vital humana. ¿No es acaso un infectado también una persona que *ya no es una persona*? En fin, no tiene caso seguir debatiendo, sino que ahora es momento de describir los tipos de zombies que hay.

Ya dejo a tu criterio, a ti quien me lees, que decidas qué o quién es un zombie para ti.

Zombies: muertos vivientes

Este tipo de zombies es el primero que existió en la cultura popular contemporánea. Con *Night of the Living Dead*, estrenada en Estados Unidos en 1968, el director George Andrew Romero inauguró el concepto de zombies que ha trascendido en la modernidad. Este director nos muestra a zombies que no necesariamente son muertos que regresan a la vida. Lo que los caracteriza es que son personas sin conciencia, raciocinio ni ningún otro tipo de cualidad humana. Y cuando decimos que un zombie es un "muerto viviente" nos referimos a criaturas que no pueden morir de balazos, ataques a los órganos vitales o cualquier otro golpe que para cualquier otro ser vivo puede ser absolutamente letal. Este tipo de zombie suele tener un solo objetivo claro: comer nuestros cerebros. No hay una razón clara de qué hizo que estos zombies se convirtieran en máquinas de matar. Lo que sí sabemos con seguridad es que la única forma de terminar con estos zombies es con una bala en la cabeza. Después de la bala en la cabeza, ¡hay que quemar el cuerpo porque es posible que la criatura reviva! Por esta razón es que estos zombies son llamados muertos vivientes: no hay nada que les detenga.

Algunas características específicas de los muertos vivientes es que son capaces de un grado muy escaso de inteligencia, pues aún tienen algunas habilidades motrices.

Es decir, estos zombies pueden abrir puertas, tomar objetos con las manos e, incluso, proferir algunas palabras como "Braaaaaiiiiiins!" o "¡Cereeeeebros!". No suelen ser muy rápidos ni tampoco muy fuertes. Si eres inteligente, corres con rapidez y planeas tus estrategias con certeza e ingenio, seguramente saldrás con vida de un enfrentamiento con estas criaturas.

Los zombies muertos vivientes son el tipo original de zombies, si quieres llamarlos de alguna manera. Es el zombie moderno clásico. A partir de ellos veremos una evolución muy interesante del estándar de zombie.

Zombies voodoo o vudú

Este tipo de zombie es el que vimos en el primer capítulo. Es probablemente el zombie original o primigenio, el zombie que nació en Haití. Recordemos, antes que nada, que en los rituales del vudú haitiano no se buscaba como tal convertir a las personas en los zombies sin conciencia que hoy devoran nuestras pantallas. Esta idea de zombie se sintetizó a partir de la intervención política y cultural estadounidense en el país caribeño en 1915. En realidad, los "zombies" voodoo o vudú eran, para la cultura haitiana, personas que se sometían a ciertas drogas psicoactivas.

. . .

Claro, como vimos en el primer capítulo, sí existían palabras provenientes de África occidental que se parecen al "zombie" en español e inglés. Sin embargo, la noción moderna de muerto viviente o infectado es diferente a la del zombie vudú.

Este tipo de zombie no es independiente, sino que es controlado por un brujo, un hechicero o un sacerdote. Lo que hace que estas criaturas existan es un tipo de magia negra que controla sus funciones mentales y motoras.

Esto significa que los zombies vudú no necesariamente deben morir o ser infectados para ser considerados zombies. Lo que les diferencia de las personas humanas es la magia negra o las drogas psicoactivas que les controla. Por su ascendencia caribeña, los zombies vudú suelen tener una apariencia afrocaribeña o haitiana. Los zombies vudú son convertidos por magia, drogas, pócimas o rituales vudú.

Zombies o infectados: virus, mordidas y escupitajos

. . .

En este momento empezamos a revisar el tipo de zombies que son ya no muertos vivientes ni personas envenenadas o controladas por magia negra.

Los infectados por un virus son un tipo de zombie muy moderno porque son personas que no están muertas, sólo afectadas por una enfermedad. Esto significa que este tipo de infectados pueden ser inteligentes, ágiles, rápidos y muy aptos para hacer planes o plantear estrategias: su esencia humana sigue presente en ellos. No hay una sola lista de características para este tipo de zombie, pero podemos delinear algunas cualidades generales. Lo común de los infectados es la rapidez, la inteligencia y la fuerza. Zombies resultado de una infección son los que aparecen en las cintas *Soy Leyenda*, *Resident Evil*, *Guerra Mundial Z*, *Tren a Busan*, *Amanecer de los muertos* de Zack Snyder, entre otras. Si has visto estas películas, ¡te habrás dado cuenta de que todos estos zombies son sumamente rápidos y fuertes! Qué decir de los de *Soy Leyenda*: esos hasta son capaces de comunicarse y razonar con los humanos.

Una de las películas más populares de zombies infectados es *28 days later* o *Exterminio*. En ella, los zombies son resultado de un virus que escapó de un laboratorio en donde un grupo de científicos experimentaba con primates. Activistas buscaron liberar a los sujetos de experimentos, aún cuando les advirtieron que no lo hicieran. Finalmente, un mono ataca a un activista, y así comienza la pandemia zombie. En esta cinta los infectados son sumamente agresivos e inteligentes en comparación con el tipo clásico de zombie.

Aquí, los zombies pueden perseguirte, percibir tus movimientos, esperarte para atacarte; la velocidad con la que corren es inaudita y su fuerza es sobrehumana. La forma en que el virus se propaga es a través de la sangre de los infectados. Su forma de contagiarte es escupirte la sangre dentro de la boca. Si esto te sucede, ¡puedes contar que en menos de un minuto te volverás un infectado rabioso! Por esta razón es que muchas personas podrían mostrarse incrédulas ante la idea de que un infectado pueda ser lo mismo que un zombie: los patrones de acción son muy diferentes. Sin embargo, considero que la agresividad que muestran estas criaturas es comparable con la de un muerto viviente.

. . .

Al fin y al cabo, tanto infectado como muerto viviente buscarán una sola cosa: atacar a los humanos.

Otro tipo de transmisión de la infección es a través de las mordidas. Es lo clásico que si un zombie te muerde, puedes dar por terminada tu vida humana. Aquí veremos zombies del tipo de la serie *The Walking Dead* o *Amanecer de los muertos*. La infección causada por la mordida primero te dará una fiebre altísima.

La fiebre te matará, y posteriormente revivirás como un infectado más.

Zombies creados por la ciencia

Dudé si poner esta categoría como un tipo diferente de zombie. En realidad, los zombies de *Soy Leyenda* y *Exterminio* podrían entrar en esta categoría porque la infección que ocasionó las pandemias en cada película fue creada en un laboratorio humano gracias a la ciencia. Por esta razón es que dudé: ¿en qué se diferencian los infectados de los zombies creados por la ciencia? No hay una pauta específica porque, como todo en la vida, la respuesta dependerá de a quién le preguntes y qué ángulo uses para formar tu perspectiva. Muchas tramas de películas podrían mencionarse en esta categoría, pero eso dependerá del criterio que escojas para crear tus diferencias. Aún así, decidí crear una categoría más porque hay criaturas que vale la pena incluir en la lista de tipos de zombies que existen.

Un ejemplo que puede ayudarnos a darle credibilidad a nuestra categoría es el ejemplo de la criatura creada por el estudiante Víctor Frankenstein. En el libro, Víctor es un estudiante de medicina en Ingolstadt que está obsesionado por conocer los secretos de la vida y de la muerte.

En la búsqueda de cumplir su afán por conocer más y más, Víctor crea un hombre a partir de la unión de las diferentes partes corporales de hombres muertos.

En una noche, el doctor junta partes de muchos hombres muertos, las une y, al terminar su obra, contempla lo que hizo. Él se siente completamente absorto en su creación para finalmente maravillarse ante haber logrado crear vida desde cero. Sin embargo, como ya sabemos, inmediatamente Frankenstein se da cuenta de que ha creado una abominación que le perseguirá por el resto de sus días.

Las características del monstruo creado por Víctor Frankenstein no nos permitirían decir que el monstruo es un "zombie" en el sentido estricto de la palabra. En el libro de Mary Wollstonecraft Shelley hay todo un capítulo dedicado a la *humanificación* del monstruo. Es decir, éste aprende los usos y costumbres de los humanos. La criatura se esconde en el cobertizo de una casa y observa con atención a una pequeña familia. De ella aprende a hablar, a escribir y a pensar. Aprende a razonar y a preguntarse por la vida, lo cual deriva en una criatura que es sensible, amable, curiosa y pensante. El monstruo es sólo monstruo por su apariencia, pero, en realidad, es un ser maravilloso, inteligente, brillante y reflexivo. Entonces, ¿en qué sentido podríamos permitirnos decir que la criatura de Frankenstein entra en la categoría de zombies creados por la ciencia? En el sentido en que el monstruo está hecho de partes humanas de hombres muertos. Es, ahora sí, un muerto viviente. Fuera de esta cualidad, este ser podría ser una persona como cualquier otra. Interesante, ¿no?

. . .

Lo único que diferencia a los zombies, infectados y criaturas de la humanidad es el criterio bajo el cual decidimos juzgar a los seres que son diferentes a quienes somos.

Características fundamentales de los zombies

Ya que hemos diferenciado los distintos tipos de zombies, hablemos más a detalle de las características fundamentales de estos seres. Haré una lista con las cualidades generales, pero cada elemento podrá variar y tener diferentes respuestas. Recuerda que no hay una sola lista final e indiscutible que explique qué es un zombie y cuáles son sus características. El mito ha cambiado mucho en décadas, entonces siempre habrá nuevas cualidades a observar.

- Movimiento

Los zombies, por naturaleza, son lentos. Cualquier persona puede escapar de ellos si así tiene la posibilidad. Los zombies son lentos porque no tienen inteligencia ni un propósito claro que puedan identificar racionalmente. Se mueven torpemente, y parece que sus piernas las arrastran por el suelo. ¡Es más: es muy fácil hacer que un zombie se tropiece si le metes el pie! No tienes mucho de qué preocuparte en este caso: puedes escapar fácilmente.

Ahora bien, recuerda que aunque son lentos, los zombies son peligrosos porque se pueden aglomerar en grandes grupos. El peligro no está tanto en tu capacidad de moverte con respecto a los zombies, sino en cuántos de ellos te atacan a la vez.

Además de moverse muy lento, los zombies son muy torpes y sus habilidades motrices son nulas. No van a agarrar una pistola y dispararte; no van a cortarte con una espada o atacarte con un cuchillo. Puedes aprovechar esta ventaja que tienes sobre ellos. Puedes imaginar esta situación como si no tuvieran pulgares; así, tienen una gran desventaja en las distintas maneras en las que pueden matarte.

Bueno, pero no todo es tan fácil como parece. ¡Hay zombies que son tan rápidos que me ponen los pelos de punta! Este tipo de zombies rápidos suelen ser zombies infectados, no muertos vivientes como los anteriores. La rapidez se deriva de que estos zombies aún tienen sus cualidades humanas presentes: los órganos vitales funcionan; los músculos están en buen estado. Si son rápidos, puedes anticiparte ya de una vez a lo que sigue. Sí, estos zombies también saben usar sus manos. Los zombies rápidos también tienen la habilidad motriz de agarrar objetos. Pueden usar armas, abrir puertas, subir escaleras, rodearte con sus brazos: con estos zombies debes tener más cuidado de lo normal.

- Capacidad de pensamiento

Ya hablamos de esto en el capítulo anterior. Dependerá de qué tipo de zombie tengas en frente para saber cuál es su capacidad de pensamiento y raciocinio.

Primero que nada, veamos las características de los zombies vudú y de los muertos vivientes. Los zombies vudú tienen su origen en el uso de magia negra y drogas psicoactivas. Por definición, su capacidad mental ha desaparecido completamente. Esto significa que los zombies vudú no piensan, no razonan, no reflexionan ni tienen voluntad. Este es un gran punto a nuestro favor porque, vaya, es la razón lo que supuestamente diferencia a los humanos de los demás seres vivos del mundo.

Podemos crear planes, tender trampas o plantear estrategias para atacar a los zombies sin que éstos nos ataquen a nosotros. Un zombie vudú responde al mismo principio.

Si de casualidad tú eres un hechicero del vudú hatiano, ¡seguramente podrías tener una banda de zombies a tu disposición! Quién sabe. Dejando las posibilidades remotas de lado, es cierto que no hay nada de qué preocuparse por el ataque de estos muertos vivientes (claro, a menos que éstos estén bajo un hechizo cuyo objetivo sea atacarte).

Como los zombies vudú, los zombies muertos vivientes tampoco tienen capacidad de raciocinio. Recuerda que los muertos vivientes están, oh, sorpresa, muertos en principio. Una vez que las neuronas han muerto, no son capaces de generar pensamientos ni reflexiones. Lo único que pueden hacer es moverse ciegamente hacia un objetivo. Tampoco debes preocuparte tanto por estos seres.

. . .

Sin embargo, de nuevo, sí deberías preocuparte por los infectados (estoy empezando a creer que debí haber escrito un libro de supervivencia para un apocalipsis de infectados. ¡Sí que dan miedo éstos!). Los infectados son, simplemente, personas comunes y corrientes que estaban en un lugar y tiempo incorrectos. A cualquiera puede llegarle el virus, y allí la vida se termina. Los virus que nos convierten en criaturas come-carne persigue-humanos suelen afectar nuestra capacidad de sentir empatía y cohesión social. Es decir, todos nuestros instintos e impulsos de convivencia humana desaparecen. Los infectados, por lo tanto, estarán inclinados a atacarte sin dudar. No obstante, el ataque no será ciego ni tampoco responderá a estímulos vacíos. Por un lado, con una fogata, por ejemplo, podrías distraer a un muerto viviente. Éste creerá que hay algo ahí e irá sin pensarlo.

Por otro lado, un infectado podría ver esa fogata y pensar que sólo es una trampa que le tendiste para distraerlo.

O igual podría pensar que no es importante ver qué hay ahí así que ignorará tu intenciones. Los infectados pueden pensar en buscarte en tu habitación, en tu baño, en lugares públicos e, incluso, en tu refugio. Como sus órganos vitales funcionan y su cerebro no murió antes de revivir, la razón humana sigue en ellos. Pueden deducir pistas, tenderte trampas y perseguirte. No buscan convivir contigo, sino sólo atacarte. Por ello, cuídate de los infectados. Son rápidos y son inteligentes.

- Apariencia física

La apariencia de los zombies es muy desagradable. Otra vez te digo, lector: si tienes duda de qué es un zombie y cómo puedes identificarlo, espero que tus preguntas se despejen ahora. Los muertos vivientes tienen la carne podrida porque el proceso de descomposición ya empezó.

La piel se cae a pedazos, los huesos están frágiles y el olor es putrefacto. Si intentaras empujar a un zombie que quiere atacarte y arrancarte un pedazo de piel de un mordisco, seguramente algo asqueroso pasaría como que tus manos se hundan en el pecho de esa criatura porque los huesos ya están suaves y podridos. ¡Es posible! Junto con la piel podrida y olorosa, la ropa de los zombies estará vieja, gastada y rasgada. Si no te lavaras la ropa por un año entero y te arrastraras por todos lados, seguro también parecerías un zombie.

También está el hecho de que algún zombie que te encuentres en tu camino ya se haya cruzado con otro superviviente antes que tú. Por esto, los zombies también podrían tener heridas en el cuerpo, raspaduras, cortadas, balazos, puñaladas… Como los muertos vivientes no mueren de un simple golpe, puedes ver hasta zombies sin piernas ni brazos, y aún así siguen vivos. ¡Hasta es posible ver una cabeza zombie separada de su cuerpo, y que ésta aún viva! La sangre estará por todos lados.

Así también, los infectados estarán llenos de sangre. Puede que su carne no esté podrida como la de los muertos vivientes porque los infectados aún no han muerto. Para poder identificarlos, puedes buscar señales de sangre en la boca de estas víctimas del virus. Busca sangre en la boca, en los ojos o en las orejas. Fíjate si se ven como personas saludables o como personas que han estado sin comer mucho tiempo. En general, la apariencia de un infectado será la de una piel seca y sin brillo y cuerpos lastimados y sangrientos.

. . .

Hay una escena épica en la televisión y en la viñeta de un cómic; esta es la escena del primer encuentro zombie de Rick Grimes, protagonista de *The Walking Dead*. Es un gran momento ya que muestra a la perfección el grado de degradación al que puede llegar un zombie si se le permite vivir por mucho tiempo y después de muchos traumas.

Después de un disparo acontecido en una persecución policíaca de tres criminales, Rick Grimes despierta de su coma. El alguacil de las afueras de la ciudad de Atlanta está sólo, desorientado y débil. No ha caminado por mucho tiempo, así que sus piernas difícilmente le responden. Rick sale de su cuarto de hospital para encontrar un pasillo desolado y destruido, como si un huracán hubiera pasado por ahí. Luego de ver a una persona despedazada en el pasillo contiguo, escapa del hospital por las escaleras de emergencia. La siguiente escena no es la mejor: un estacionamiento lleno de cuerpos putrefactos en proceso de descomposición. El olor es insoportable; hay moscas por todos lados. El protagonista pronto toma una bicicleta y la maneja por las calles de su pueblo hasta encontrarse con un cadáver al cual le falta el tronco inferior del cuerpo. El zombie no tiene piernas ni caderas, sólo el pecho, los brazos y la cabeza, y aún así sigue vivo. ¡Tan mal puede llegar a ser la degradación de un zombie! La apariencia no puede pasar desapercibida.

- Grado de humanidad

Esta característica puede parecer confusa al principio, pero quédate conmigo. Cuando digo "grado de humanidad" me refiero a que hay zombies que lo único que tienen de humanos es el cuerpo. Cuando te has convertido en uno de ellos, pierdes todo lo que antes te hacía ser una persona: pensamiento, empatía, raciocinio, pensamiento crítico y reflexivo, solidaridad, etcétera.

Por ello, digo que los zombies tienen un grado de humanidad nulo. Seguro, algunos de ellos pueden abrir puertas y levantar objetos, pero eso no los hace humanos. Tener habilidades motrices es algo que cualquier ser vivo, o muerto, en este caso, puede hacer. También los infectados, con todo y que ellos sí piensan, considero que tienen un grado de humanidad no nulo, pero sí muy bajo. Puede que éstos últimos puedan planear estrategias y usen su raciocinio para atacarnos. Sin embargo, el hecho de que no tengan la capacidad de sentir empatía, de imaginar o de ser solidarios deriva en que ya no se les pueda considerar humanos. Estos infectados ahora son máquinas de ataque contra nosotros.

- Órganos vitales funcionales

Ya seguro has anticipado este punto con todas las características que hemos enlistado anteriormente y lo que hemos mencionado acerca de los diferentes tipos de zombies. Los muertos vivientes no tienen ningún órgano vital en funcionamiento. Hay cinco órganos vitales: el corazón, el cerebro, el hígado, al menos un pulmón y al menos un riñon. Sin estos órganos, no se puede conservar la vida. Ahora piensa esto: ¿un zombie seguiría vivo si le disparas en los pulmones, si le quitas el corazón? Seguramente sí. Por esto es que siempre se nos enseña que para matar un zombie hay que dispararle en la cabeza. El único órgano vital que sí funciona es el cerebro.

El cerebro sigue vivo para que los demás órganos, los no vitales, funcionen. Es decir, el cerebro es el centro de operaciones de nuestro cuerpo. Sin sus estímulos nerviosos, no podríamos mover nuestras extremidades, por ejemplo. Por eso es que es necesario el cerebro para que los zombies cumplan sus objetivos; el resto de los órganos no es necesario.

En cuanto a los infectados, no está claro cuáles órganos vitales siguen en funcionamiento después de la infección del virus transmitido por la mordida o el escupitajo.

Obviamente el cerebro sigue en pie, ¿pero qué hay de los demás? Los infectados no han muerto antes de convertirse en zombies, por lo cual seguramente sus órganos vitales siguen intactos. Sin embargo, recuerda que estas criaturas también sólo mueren de un ataque al cerebro.

Esto nos lleva a concluir que aunque sus órganos vitales sigan en pie, los infectados sólo requieren del cerebro para seguir atacándonos.

- Resistencia a ataques: dolor y cómo matar a un zombie

Los zombies no sienten dolor. No se tiene claro por qué y seguramente hay una explicación científica-médica detrás de esto. Yo podría decirte una razón según mis conocimientos, pero sólo serían conjeturas y argumentos vacíos para una respuesta que merece un mejor fundamento.

Sin embargo, algo que sí puedo decir con seguridad es que los zombies parecen ser inmunes al dolor. Tanto si les disparas, los quemas, les pegas, les cortas las manos o los golpeas, los zombies seguirán intentando atacarte hasta que te puedan meter un mordisco. En algunas películas se muestra que los zombies gritan más fuerte si los quemas, por ejemplo, pero esto no significa que estén sintiendo dolor. Puede que simplemente sientan el calor del fuego, pero no tengan en sí la consciencia de lo que es el dolor.

Vaya, de pronto este debate de si los zombies sienten dolor o no se volvió un problema filosófico. Para saber si sienten dolor o no, hay que hacernos la pregunta por la naturaleza del dolor: ¿existe el dolor en sí mismo como una sensación física o se necesita tener consciencia del dolor como concepto y sentimiento para decir que sí se siente? Es un buen tema de conversación.

En fin, haya consciencia del dolor o no, podemos decir que los zombies no sienten dolor.

Aquí es donde entra lo siguiente: para matar a un zombie, debes destruirle el cerebro. No importa cómo lo hagas, pero el cerebro debe quedar fuera de servicio. Esta es una de las cualidades que se han mantenido como un común denominador entre los diferentes tipos de zombies e infectados. Independientemente del zombie, todos morirán si les disparas en la cabeza. Puede escoger cualquier arma: una pistola, un palo puntiagudo, un cuchillo, una pala, una palanca rota. Cualquier objeto que utilices que pueda atravesar la materia cerebral será bueno. En el último capítulo del libro podrás leer una guía de supervivencia para un apocalipsis zombie, y ahí verás con mayor detalle cómo deshacerte de estas criaturas. Por lo pronto, sólo apunta, siempre, a la cabeza.

- Organización social

Suena muy dramático esto, pero me gusta cómo suena esta característica. Cierto, los zombies no son humanos, pero creo que quienes sí lo somos podemos llamar a lo que sea que hagan los zombies cuando se aglomeran "organización social". Como cualquier ser vivo, los zombies tienen la capacidad y necesidad, incluso, de aglomerarse. A este fenómeno zombie le llamamos "horda".

Cuando muchos zombies se juntan en un lugar y avanzan juntos decimos que viene una horda a comernos los cerebros.

Esta es una característica que también comparten tanto muertos vivientes como infectados. No se sabe tampoco por qué, pero esta cualidad parece ser algo inherente a la naturaleza de los zombies. Quizás es algo que hacen porque todos los seres vivos también lo hacemos: la unión hace la fuerza. No creo que ellos tengan conciencia de que están juntos miles y miles de zombies, pero no por esto diremos que son menos amenazantes. ¡Nunca te enfrentes a una horda! Sólo escapa por donde puedas.

- Alimentación

Punto muy simple: los zombies se alimentan de seres vivos. Pueden comer cualquier tipo de animal, pero su comida favorita siempre será la carne humana. Hay zombies que comen cerebros y que, literalmente, gritan "Braaaaaains!" cuando te persiguen. Además de ellos, que son un tipo de zombie clásico y muy antiguo, los zombies más comunes en la actualidad sólo buscan clavar los dientes en una persona. Ellos no hacen distinciones como nosotros con la carne animal: cualquier parte de nuestro cuerpo es buena. No entiendo por qué y nunca se ha explicado, pero eso es lo que buscan los zombies.

Adivino que puede ser porque el principio de la vida y la supervivencia es la energía, y la energía viene de los alimentos. Te invito a sacar tus propias conclusiones.

Aquí sí vale la pena enfatizar un punto y hablar con especificidad: hay una diferencia clara entre zombies muertos vivientes y zombies infectados cuando hablamos de fuentes de energía y alimentos. Los muertos vivientes sí buscan comernos y saciar su apetito por carne humana.

. . .

Por el contrario, los infectados responden al principio básico de la vida de un virus: replicarse. Cuando los infectados nos muerden y nos atacan buscan, en la mayoría de los casos, replicar el virus que tienen dentro del cuerpo.

O, mejor dicho, el virus busca replicarse a sí mismo a través de su huésped, el zombie. Por esto, en la película *Guerra Mundial Z*, por ejemplo, los infectados no atacaban a las personas con enfermedades crónicas o terminales: estos cuerpos no eran ideales para transmitir un virus y mantenerlo vivo.

Para cerrar este punto, sólo digamos que los zombies comen humanos. Así de simple. Si no quieres morir, asegúrate de no tocar la campana de la cena.

- Tiempo de vida

El tiempo de vida de los zombies es un tema misterioso y no queda totalmente claro.

En teoría, si no matas a un zombie, éstos pueden vivir el tiempo que sea. Sin embargo, también se sabe que un zombie que no se ha alimentado en mucho tiempo puede debilitarse. ¿Se mueren los zombies si no comen? Sí, pero no tan rápido como crees. Puedo decir que es más como que entran a un estado de descomposición muy, muy lento. Es como si estuvieran muriendo, pero tardan mucho más que nosotros. El proceso puede continuar hasta que el zombie esté completamente desecado o petrificado. Si no se ha alimentado, también significa que lleva mucho tiempo sin moverse. Todo lo que se deja sin moverse se seca, se oxida y se atrofia. Los zombies en este estado tienen dificultad para moverse ante los estímulos porque sus cuerpos ya no les responden. En conclusión, el tiempo de vida de un zombie es como el de un ser humano: muchos años si todo marcha bien. Lo único que cambia es que un zombie tiene mayor resistencia frente a los riesgos que pudieran acabar con su vida por el hecho de que lo único que necesita para morir es un disparo en el cerebro. Nosotros los humanos, en cambio, podemos morir por muchas otras razones diferentes.

- ¿Vivos o muertos?

Por último, la pregunta del millón: ¿los zombies están vivos o muertos? Bueno, para responder esta pregunta tendríamos que entrar a un debate filosófico profundo.

¿Qué es la vida? ¿Es materia biológica, consciencia, adhesión a un grupo social humano, imaginación? Quién sabe.

Por ahora, guiémonos por un principio muy básico y simple: la vida es existencia de materia biológica. Y si es vida humana, a esa materia biológica se le debe adherir una consciencia de la existencia propia. Es decir, para decir que estamos vivos debemos tener un cuerpo y una consciencia. En este caso, ¿están vivos o muertos los zombies? Sé que hasta ahora he llamado "muertos vivientes" a los zombies, pero creo que ahora quiero decir que sí puede ser que estén vivos. Al menos es una forma diferente de vida, quiero pensar. ¿Por qué lo digo? Bueno, los muertos vivientes tienen un cuerpo y tienen una consciencia, aunque sea mínima, de que quieren matarnos. Bueno, eso quiero creer, pues quién sabe cuál sea la verdad. Si no es así y sólo son cuerpos vacíos que persiguen luces y sonidos, entonces quizás no están tan vivos como pensamos.

. . .

En fin, es un debate que no tiene sentido discutir justo ahora. ¡No quiero resolver un asunto que puede dar lugar a muchas teorías interesantes! Puede que los zombies estén vivos o puede que no. La opinión común dice que no están vivos. En su historia de origen, en la historia del vudú haitiano, vimos que los zombies vienen de ser personas que han sido asesinadas y devueltas a la vida. Hay que tomar en cuenta argumentos como éste para generar nuestro propio criterio. De lo que no me queda duda es que los infectados sí están vivos. Éstos últimos sólo se infectan y mueren una vez.

Cerremos esta segunda parte recapitulando lo que hemos aprendido. No hay un solo tipo de zombie, mucho menos una lista de características que son iguales para todos los tipos. Disfruté mucho escribir sobre esto porque aprendí mucho más de lo que ya había visto en mi vida como fan de la figura de los zombies. Una reflexión que me parece valiosa comentar es que el universo de los zombies es mucho más grande de lo que hubiéramos imaginado antes. Las categorías no son finales porque los zombies siempre están en constante evolución, y desde su inicio han sido criaturas misteriosas que nos han intrigado. La respuesta de qué es un zombie, qué tipos existen y cuáles son las cualidades fundamentales dependerá de a quién le preguntes. El caso de la criatura de Frankenstein me deja esto en claro. ¿Cómo un monstruo tan tenebroso, nacido de la unión de partes de muertos putrefactos, puede ser temido y considerado como zombie? Para muchos, seguramente esta criatura no debería ni figurar cerca de los seres de George A. Romero o Zack Snyder. Sin embargo, para otros, como para mí, la esencia de un zombie no queda clara, lo cual nos da la oportunidad de explorar diferentes criaturas y sus orígenes.

Quizás el monstruo de Frankenstein es un nuevo tipo de zombie que no habíamos visto antes: un zombie que es inherentemente bueno, pero la humanidad lo hizo malo.

Te dejo con la reflexión, ¿qué características le darías tú a los zombies que conoces? En el siguiente capítulo veremos cómo han respondido a esta pregunta diferentes creadores a lo largo de la historia de la cultura popular. Películas, cómics, series y videojuegos nos muestran cómo es el zombie al que más debemos temerle. Cada producto cultural nos muestra un lado diferente del mito, y yo estoy aquí para aprender y descubrir cada uno de ellos.

3

Los zombies en la cultura popular: evolución del mito y sus diferentes representaciones

Este capítulo va a ser muy divertido para todas las personas quienes llegamos al universo zombie por medio de nuestras películas, libros, series o videojuegos favoritos. Como te conté un poco en la introducción de este libro, yo llegué a la afición por el mundo zombie desde una edad muy temprana. Cuando era más joven, mi mente se sentía atraída hacia estas criaturas aunque nunca supe por qué. Mi gusto por los zombies no es algo que pueda explicar racionalmente: el gusto es subjetivo y no se justifica, sólo se siente.

En este tercer capítulo me gustaría crear nuevos y más aficionados al mundo de los zombies. Si te interesa ver cómo se pone en práctica el conocimiento de este mito en la cultura popular contemporánea, te recomiendo que sigas leyendo.

Aquí vas a aprender sobre las diferentes representaciones que los zombies han tenido en los productos culturales.

Hablaremos acerca de películas, series, videojuegos y videos musicales que han mostrado su versión de los hechos de qué es un zombie. Quiero que tengamos en mente la idea que hemos venido repitiendo a lo largo del libro: no hay una respuesta equivocada para la pregunta por los zombies. Cada persona puede brindar una diferente interpretación de sus propios infectados y sus propios muertos vivientes. Aquí verás que el universo zombie es inmenso y varía ampliamente. No vamos a abarcar todas las producciones que existen y han existido porque son demasiadas. Únicamente discutiremos un poco acerca de las que han sido más importantes para el desarrollo del tema en su campo. Es decir, si vamos a hablar de películas, entonces sólo hablaremos de las que han sido cruciales para el desarrollo del cine zombie gracias a su originalidad, por ejemplo. Hay películas que se convirtieron en canon o inauguraron un nuevo aspecto del género. También hay otras películas que simplemente fueron adoradas entre el público: éstas también figuran en nuestra lista. Lo mismo aplica para los videojuegos, los videos musicales, la literatura, las series.

Ningún zombie es igual a otro, y yo estoy aquí para ver hasta dónde llega la creatividad humana.

Cine

Empezamos este recuento con la industria cultural más grande con respecto al tema de los zombies: el cine. Hay muchísimas películas del mundo zombie, tanto películas de culto, como películas comerciales; hay películas hechas en el mundo occidental y películas hechas en el mundo oriental. Cada cinta muestra su propia versión de qué es un zombie, un muerto viviente y un infectado. Cada director, productor y guionista le ha dado vida a diferentes conceptos zombies, y cada uno de estos conceptos ha marcado una pauta diferente para la definición de estos seres misteriosos e intrigantes.

. . .

El cine de zombies surge en Estados Unidos en la década de los años treinta. Como vimos en el primer capítulo, recordemos que en 1920 y 1930 las historias de la magia negra y el vudú de Haití llegaron a la cultura estadounidense a partir de la ocupación del país norteamericano en el país caribeño. William Buehler Seabook publicó su libro *The Magic Island* alrededor de los años treinta, en el cual relataba sus experiencias con los rituales vudú de Haití. A partir de la publicación de este libro se estrena el 10 de febrero de 1932 una obra teatral de Kenneth Webb titulada *Zombie*. Esta obra se basó en el libro de Seabrook.

A partir de este año es que comienzan las producciones cinematográficas que exploran el universo zombie.

Estas producciones pueden dividirse en tres etapas diferentes, cada una con diferentes cintas. La primera etapa se caracteriza por ser la etapa pionera del cine zombie.

. . .

En ella veremos películas con un concepto muy básico de los muertos vivientes; la idea del zombie vudú y de los ritos del vudú haitiano están presentes. Es decir: es común el concepto de un zombie que es revivido de su muerte para ser esclavo de un hechicero, amo o villano. Aquí está la coincidencia con el vudú de Haití. Claro que, por cierto, debemos ver con reserva esta etapa. Ya el mito del vudú haitiano se ha adaptado a audiencias internacionales, por lo cual no podemos esperar que las cintas sean fieles a la cultura del país caribeño.

En la segunda etapa del cine zombie descubriremos que la amenaza de los muertos vivientes ha alcanzado proporciones mundiales, y bíblicas. Esto es algo que en la literatura llamamos una guerra de vida o muerte. Los zombies son criaturas que avanzan sobre todo y todos; los zombies dominan todo a su paso y no hay escapatoria. La invasión ya no se confina a un pequeño pueblo o ciudad. Además, ya no existe un villano, amo o brujo que controle a los zombies como lo hubiéramos visto en la primera etapa. En vez de ser esclavos de venganza en contra del enemigo del amo, los zombies ahora reviven con el último y único propósito de alimentarse de la carne de los seres vivos.

. . .

Los zombies no son muy inteligentes, pero sí tienen su habilidad motriz lo suficientemente desarrollada para abrir puertas o agarrar objetos con los cuales podrían atacarte. No importa qué revivió a los zombies. Puede ser que un virus, magia negra o un accidente con químicos peligrosos haya hecho que los muertos salieran vivos de la tierra, pero en la cintas de esta etapa no importa la razón.

En el cine de George A. Romero, el cual pertenece a esta segunda etapa, también se introdujo el concepto de que los peores enemigos de las personas no son los zombies sino otras personas. En medio de una crisis internacional de zombies las personas van a ver por sí mismas, no lo dudes. Romero trabajará con esta idea en sus diversas películas.

Por último, la tercera etapa es la que se está desarrollando en la actualidad. En ella no sólo veremos las características que ya enlistamos anteriormente, sino que también habrá nuevas condiciones y posibilidades para los zombies.

. . .

El cine zombie de la tercera etapa puede incluir escenarios ya trabajados en las etapas anteriores porque no hay una exclusión de los conceptos que se han llevado antes a la pantalla grande. Al contrario: estos elementos son bienvenidos. Lo que veremos será una celebración, modificación o adaptación de los viejos conceptos. Además, este cine también traerá a la figura popular de zombie infectado que hoy conoce la mayoría de las personas por su alto grado de popularidad. Es decir, la idea del infectado que es rápido, fuerte, inteligente y agresivo llega al imaginario zombie. Ya los zombies no serán siempre muertos revividos de sus tumbas, sino que también pueden ser personas infectadas por un virus de ira o rabia, por ejemplo. Estas criaturas también muerden, escupen sangre y son expertas en traernos muertes violentas a los humanos.

Veamos ahora las películas más importantes de cada una de estas etapas.

Primera etapa

- *White Zombie* (1932)

Dirigida por Víctor Halperin, *White Zombie* es una película estadounidense considerada como la primera en la cual aparecen los zombies en su concepto moderno. Está basada en la obra de teatro *Zombie* de Kenneth Webb.

La cinta trata de Neil Parker y Madeleine Short, una pareja que viaja a Haití para llevar a cabo la celebración de sus bodas. Sin embargo, un personaje llamado Charles Beaumont está enamorado de Madeleine. Cuando ella rechaza al hombre, el terrateniente Beaumont busca a un hechicero vudú haitiano para poner a Madeleine bajo el estado de conciencia alterado que era común en las personas que practicaban los rituales de vudú.

Esta película aprovecha al máximo el término de zombie vudú.

- *The Walking Dead* (1936)

Es una película dirigida por Michael Curtiz. La historia es bastante simple y sigue el patrón de muerte-resurrección de un personaje que busca un objetivo específico. En *The Walking Dead* vemos a un hombre llamado John

Ellman, quien es acusado erróneamente por delitos que no cometió. Después de ser ejecutado en la silla eléctrica, Ellman buscará revivir para buscar venganza.

- *Revenge of the Zombies* (1943)

Revenge of the Zombies tiene un origen bastante curioso: observa el año en el cual fue estrenada la cinta.

En plena Segunda Guerra Mundial, el director Steve Sekely estrena una película que sigue la historia del Dr. Max Heinrich von Altermann, un científico loco que busca crear un ejército de muertos vivientes que puedan servir al régimen de Adolfo Hitler.

Me parece muy interesante esta historia porque es un claro ejemplo de cómo el concepto de zombie se puede ir modificando según las condiciones culturales, históricas y políticas en las cuales se desarrolla la idea. En este caso, la idea de los zombies es trasladada a un contexto de guerra.

. . .

Segunda etapa

- *Night of the Living Dead* (1968)

Esta película dirigida por George A. Romero inaugura el género de cine zombie como se conoce en la actualidad. A partir de *Night of the Living Dead* veremos cómo se desarrolla en mayor proporción y con mayor rapidez el género zombie. Esta película es tan antigua que fue estrenada en blanco y negro, ¡imagínate! La cinta sigue la historia de un grupo de personas que busca sobrevivir el ataque de los muertos vivientes en el interior de una casa de una granja.

No se sabe por qué revivieron los muertos (recuerda que no importa la razón de la resurrección en esta segunda etapa), pero atacan incesantemente a los supervivientes.

La historia comienza con dos hermanos que van a un cementerio en Pensilvania para visitar la tumba de su padrastro. Después de que un hombre ataca a los hermanos por una causa desconocida, Barbara pierde a su hermano Johnny. Aquí da inicio la trama.

Esta película es la primera de una serie de seis largometrajes de George A. Romero que trata el tema zombie de diferentes maneras. Los seis largometrajes son: *Night of the Living Dead* (1968), *Dawn of the Dead* (1978), *Day of the Dead* (1985), *Land of the Dead* (2005), *Diary of the Dead* (2007) y *Survival of the Dead* (2009).

- *Dawn of the Dead* (1978)

Además de *Night of the Living Dead*, *Dawn of the Dead* es la única otra película de George Romero que incluyo en esta lista porque se le hizo un remake en 2004 dirigido por Zack Snyder. Esta historia sigue a un grupo de supervivientes que busca sobrevivir a un apocalipsis zombie que se ha extendido a lo largo y ancho de Estados Unidos. El grupo se refugia en un centro comercial para tener mejores oportunidades.

La trama sigue a un grupo de cuatro personas: Francine (una productora de televisión), Stephen (un piloto y el novio de Francine) y dos miembros del equipo S.W.A.T. de Filadelfia, Roger y Peter. Después de intentar escapar del ataque de los muertos vivientes en un helicóptero que robó el grupo, los supervivientes aterrizan en un centro comercial, lugar que convertirán en su refugio por el resto de la película.

- *Return of the Living Dead* (1985)

Return of the Living Dead fue dirigida por Dan O'Brannon. La trama de esta película me parece especialmente creativa. La cinta sigue a Freddy, un hombre que trabaja en una empresa de suministros médicos. Una noche, Freddy le pregunta al encargado de su área, Frank, qué es lo más raro que le ha pasado en el lugar de trabajo. Frank le cuenta la historia acerca de una sustancia extraña creada por el ejército que ocasiona que los muertos regresen a la vida. Ambos hombres hablan acerca de la película de George Romero *Night of the Living Dead*, lo cual nos sirve para anticipar qué es lo que sucederá en el resto del largometraje.

Después de un accidente, Frank y Freddy liberan la sustancia misteriosa, ocasionando que los muertos se levanten.

- *The Serpent and the Rainbow* (1987)

"My first meeting with the man who would send me on my quest for the Haitian zombie poison occurred on a damp miserable winter's day in late February 1974. I was sitting with my roommate David in a café on a corner of Harvard Square.": así empieza el primer capítulo del libro *The Serpent and the Rainbow* de Wade Davis. *The Serpent and the Rainbow*, la película, fue dirigida por Wes Craven.

La película cuenta la historia del etnobotánico y antropólogo Dennis Alan, quien sigue una travesía parecida a la del antropólogo Wade Davis. Davis, recordemos como lo vimos en el primer capítulo de este libro, viaja a Haití para investigar acerca de una poción usada en los rituales del vudú haitiano para revivir a los muertos. Esta misma línea se sigue en la película, sólo que el personaje Dennis Alan viaja a Haití en búsqueda de esta pócima porque quiere usarla como un anestésico.

Después de algunos enfrentamientos con autoridades locales, Alan consigue la sustancia verdadera que fue buscar a Haití y la lleva de regreso a Boston para estudiar sus componentes. Sin embargo, la esposa de Alan, Marielle, es poseída. El estudioso deberá regresar a Haití para salvarla de los efectos de la droga y de la posesión de un grupo de poder haitiano.

Tercera etapa

- *28 Days Later* (2002)

28 días después es una película dirigida por Danny Boyle.

Es de mis películas favoritas de zombies por ser absolutamente tenebrosa. La cinta cuenta con Cillian Murphy como protagonista, lo cual considero le da un carácter misterioso a la película (creo que es un excelente actor que tiene muchos papeles intrigantes). La historia sigue a Jim, un hombre que despierta de un coma en un hospital 28 días después de que se desencadenara el apocalipsis zombie en Inglaterra y en el resto del planeta. El apocalipsis empieza porque un grupo de activistas por los derechos de los animales libera a unos chimpancés infectados con un virus parecido al de la rabia a pesar de que un científico les advierte que no lo hagan. La película cuenta con una cinta sonora maravillosa; hasta el día de hoy la escucho y se me ponen los pelos de punta. Seguiremos la aventura de Jim en la búsqueda por la supervivencia. Él se encontrará con diferentes personas que podrán tanto ayudar como obstaculizar su supervivencia.

Esta película fue un parteaguas en el cine zombie ya que se redefinió lo que se entendía por esta criatura.

La cinta mostró por primera vez a un zombie caracterizado por estar infectado por un virus de procedencia identificable, por ser rápido, inteligente y agresivo. Estas cualidades siguen todavía presentes en las películas actuales de zombies. Recomiendo ampliamente *28 Days Later* si quieres ver una película de terror de calidad.

- *Resident Evil* (2002)

Resident Evil lleva por nombre una serie de películas basadas en el videojuego homónimo. La primera entrega fue estrenada en 2002 y fue dirigida por Paul

W. S. Anderson. En total, la franquicia tiene seis películas: *Resident Evil* (2002), *Resident Evil: Apocalipsis* (2004), *Resident Evil: Extinction* (2007), *Resident Evil: Afterlife* (2010), *Resident Evil: Retribution* (2013) y *Resident Evil: The Final Chapter* (2017). La primera película, así como todas las siguientes, es protagonizada por Milla Jovovich, quien toma el papel de Alice. Este personaje fue creado para las películas.

La primera película de la serie cuenta la historia de cómo el Virus T ha sido soltado en un centro de investigaciones de la empresa Umbrella. Este centro lleva por nombre "La Colmena". Alice parece ser la única superviviente de lo que ha sucedido dentro de La Colmena, así que ella junto con un equipo especial deben entrar al sitio y enfrentarse a los infectados para averiguar qué ha desencadenado este problema.

Matt, amigo de Alice, y Alice son infectados por el Virus T. Antes de poder inyectarse el antivirus, Matt y Alice son capturados por la corporación Umbrella. Matt, lamentablemente, empieza a mutar en un monstruo que pertenecerá al programa "Némesis" en las siguientes cintas. Alice, por el contrario, se adaptará al virus y su cuerpo se transformará en uno fuerte y capaz para enfrentarse a los zombies y a cualquier persona que obstaculice su camino.

- *Dawn of the Dead* (2004)

Con esta película Zack Snyder hace su debut como director de cine. Esta película está basada en la cinta homónima de George Romero, *Dawn of the Dead* de 1978.

Al igual que en la cinta de Romero, en esta película el grupo de supervivientes intenta salvar sus vidas en un centro comercial. La película empieza con Ana, una enfermera en la ciudad de Milwaukee. Después de terminar su turno de la mañana, Ana va a su casa ignorando las noticias en la radio acerca de una enfermedad extraña que infecta a las personas. Tan pronto como al día siguiente, ella es atacada por una vecina y por su ahora infectado esposo. Ana ahora tendrá que buscar cómo salir viva de su casa.

Ana después se encontrará con un grupo diverso de personas. Todos trabajarán en equipo para salvarse y llegar al centro comercial. Allí, se juntan con un grupo de guardianes del recinto. El grupo seguirá creciendo hasta que llegue el momento en el que ya no pueda habitar el centro comercial. Si te gustan las películas que te ponen los pelos de punta y te mantienen atento a la pantalla, te recomiendo *Dawn of the Dead*. Los infectados son absolutamente tétricos y tenebrosos.

- *Shaun of the Dead* (2004)

Dirigida por Edgar Wright. Esta película mezcla diferentes géneros del cine, pues brinda una propuesta fresca y diferente acerca del mundo zombie. *Shaun of the Dead* es una película de terror, comedia y romance. Aquí veremos la historia de un hombre llamado Shaun. Él no tiene una vida ordenada. Evita sus responsabilidades como adulto, no tiene buenas relaciones sociales y descuida a su novia.

Cuando decide poner su vida en orden, se encuentra con el grandísimo obstáculo de que el caos zombie se ha desencadenado en el planeta. En esta cinta podremos ver el camino de un hombre, armado con tan solo un palo de cricket y una pala, que busca resolver su vida en medio de un apocalipsis zombie.

- *I Am Legend* (2007)

En esta cinta dirigida por Francis Lawrence veremos qué es lo que pasa cuando la humanidad juega a ser Dios. La Dra. Alice Kripin modifica el virus del sarampión para proponer una cura contra el cáncer. Sin embargo, algo extraño sucede con este virus porque muta y termina convirtiéndose en una infección que afecta a absolutamente toda la población mundial. El Teniente Coronel Robert Neville es el único superviviente de la ciudad de Nueva York, y él cree que igual es el único superviviente del mundo entero. Por alguna razón, él (y otras personas, como sabremos más adelante) es inmune al virus Kripin. Con esta premisa, el Dr. Neville encuentra la motivación para trabajar arduamente con su pastor alemán Sam para encontrar una cura para la enfermedad.

Aquí los zombies tienen características de infectados: son rápidos, muy fuertes y muy inteligentes. Los infectados viven en colonias guardadas en la oscuridad porque son alérgicos al sol. Esto le permite a Neville salir libremente durante el día y buscar provisiones. Todo marcha bien para él hasta que captura a una infectada que parece tener una conexión especial con el líder de un clan de infectados. La cinta seguirá la travesía por la supervivencia del doctor. Además, nos ofrece dos finales alternativos.

Esta película me parece hechizante porque muestra un escenario que pudiera llegar a ser real si seguimos el mismo camino de la Dra. Alice Kripin. Si te gustan las películas que más que ficción parecen una predicción de nuestro futuro, te invito a ver *I Am Legend*.

- *World War Z* (2013)

Fue dirigida por Marc Foster y protagonizada por el camaleónico actor Brad Pitt. Esta película, como la mayoría que pertenece a la tercera etapa del cine zombie, muestra un escenario que en realidad sí podría ser posible en nuestro mundo. El ex-trabajador de la Organización de las Naciones Unidas Gerry Lane sale de su casa con su familia en la mañana. Todo parece normal hasta que, de un instante a otro, el caos cae sobre la ciudad. En el tráfico, las personas entran en completo pánico. Después de que un camión despejara el camino de carros atorados, Gerry aprovecha el espacio para poder salir del embotellamiento. Ahí se da cuenta de que hay personas que atacan a otras. Estos infectados son rápidos, fuertes e inteligentes. Buscan cuerpos saludables y atacan sin dudarlo. Si uno de ellos llega a morderte, puedes esperar a ser infectado en tan sólo doce segundos. Después de un tiempo, Gerry es contactado por un funcionario de la ONU: Gerry es el indicado para saber qué ha causado este desastre. La película sigue a partir de ese momento la travesía de Gerry para buscar la causa y cura de este virus inexplicable.

- *Train to Busan* (2016)

Train to Busan nos muestra una mezcla perfecta entre las dificultades de la vida adulta, de la vida como padre y de la vida en medio de un caos zombie. ¿Alguna vez pensaste que podrían combinarse la ternura y el terror? Pues esta película dirigida por Yeon Sang-ho nos muestra esa posibilidad.

Seok-Woo es un ejecutivo, adicto al trabajo, de una planta biotecnológica. Él es divorciado, y tiene una hija, Su-an, con quien no conecta. A pesar de que su madre le aconseje pasar tiempo con su hija para tener una relación de calidad con ella, Seok-Woo sigue mostrándose escéptico y prefiere darle a su hija regalos caros antes que dedicarle unos minutos cada día. Su hija le expresa que su deseo de cumpleaños es ir a pasar el día con su madre en Busan, así que Seok-Woo hace el esfuerzo para llevarla. Sin embargo, en el camino a la estación de tren sucede un accidente en la planta de desechos biotecnológicos en la cual trabaja el hombre. Este accidente ocasionará que un virus que enferma a las personas se desencadene desenfrenadamente por todo Corea del Sur. El escape de Seok-Woo toma lugar con otros supervivientes que están atrapados en un tren con destino a Busan.

La película me parece muy buena porque la historia es hechizante y los actores son interesantes.

Sin embargo, lo que de verdad creo que la hace destacar es la combinación de padre adicto al trabajo y apocalipsis zombie que lleva la trama. En el viaje a Busan, Seok-Woo descubrirá un nuevo valor en la relación con su hija que no había visto antes. Ahora él será un hombre que hará todo lo posible para mantener a salvo a Su-an. ¿Llegarán a Busan Su-an y Seok-Woo?

Esa es la pregunta que se mantiene a lo largo de toda la cinta.

¿Y llegarán vivos a la ciudad? Tendrás que verlo. Esta película es especial porque no sólo busca que los protagonistas sobrevivan, sino que los lleva por una travesía por toda Corea del Sur. Normalmente las películas de zombies tratan de un grupo de individuos que buscan sobrevivir. Sin embargo, *Train to Busan* lleva al extremo la odisea por la supervivencia cuando cambia el terreno de juego con cada nueva estación a la que llega el tren. ¿Qué tan lejos está Busan? Ve la película.

- *Army of the Dead* (2021)

Army of the Dead es otra apuesta del mundo zombie del director Zack Snyder. La entrega es una de las más recientes. Estrenada en mayo de 2021, la cinta sigue la historia de un grupo de supervivientes que se enfrentan a zombies en Las Vegas. La ciudad está amurallada, y el gobierno está planeando volar en pedazos la zona para deshacerse de los infectados. Lo que sigue es hilarante. ¿Quién pensaría en robar dinero en medio de un apocalipsis zombie? Se supone que las instituciones han caído; ya no debería importar el dinero. Sin embargo, un grupo de mercenarios se aventurará a robar la exorbitante cantidad de 200 millones de dólares antes de que el gobierno vuele en pedazos a Las Vegas.

Series de televisión

- *The Walking Dead* (2010)

No puede faltar en esta lista la serie de televisión basada en el cómic homónimo. *The Walking Dead* es una de las series de zombies que más tiempo ha estado al aire; al día de hoy, lleva once años en televisión. La historia sigue al alguacil Rick Grimes. Después de un accidente en una misión, el policía despierta de un coma en el hospital luego de recibir un disparo. Allí se da cuenta de que el mundo ha cambiado y ahora los muertos caminan sobre la tierra. Rick se embarcará en una aventura para encontrar a su esposa Lori y su hijo Carl. De ahí en adelante, tratará de mantener viva a su familia a toda costa.

. . .

El viaje de Rick Grimes no sólo es físico, sino también interior. Por su personalidad fuerte, decidida y su temple inalterable, Rick se vuelve líder de su grupo de supervivientes.

A lo largo de la serie lo vemos a él y a su grupo enfrentarse a diferentes amenazas: zombies, hordas y otros humanos. El carácter de Rick será puesto a prueba en cada esquina porque siempre habrá un obstáculo o un reto que resolver. La mayoría de la serie cuenta el relato de diferentes debates y dilemas éticos y sociales a los cuales Rick tendrá que hacerles frente para mantener la concordia y vida de su grupo.

Es interesante observar la evolución del personaje principal. Poco a poco vemos cómo Rick se transforma del policía amigable al policía con el que no te quieres meter. Sus motivaciones no están mal puestas, pero las acciones que cada persona debe realizar para sobrevivir nos hacen dudar de cuánta humanidad sobrevivirá dentro de nosotros en medio de un apocalipsis zombie. Con diferentes aventuras y enfrentamientos, Rick Grimes nos entretiene y mantiene al filo de la pantalla. Pero *The Walking Dead* no es sólo la historia de Rick. Existen otros sobrevivientes, cada uno con cualidades particulares, que nos enamoran de la serie. Ya sean personajes del cómic o creados para la serie de televisión, cada personaje aporta un rasgo único al grupo.

El programa tiene diez temporadas hasta el momento y una amplia plantilla de actores y actrices interesantes.

Si te interesa ver un drama zombie que es intenso, sangriento e intrigante, te recomiendo ampliamente ver esta serie.

Videojuegos

- *Resident Evil*

Las películas de *Resident Evil* están basadas en la saga de videojuegos de la desarrolladora Capcom. Es decir, el juego existió antes que las películas. Este juego del género *survival horror* sigue la historia de diferentes personajes; entre éstos, están Jill Valentine, Chris Redfield, Claire Redfield, Ada Wong, Leon S. Kennedy, Barry Burton, y Albert Wesker, por mencionar algunos.

. . .

En la primera entrega de la saga de videojuegos conoceremos a los miembros de un equipo de élite de la policía de Raccoon City: Chris Redflied, Jill Valentine, Barry Burton y Albert Wesker forman parte del equipo Alpha de S.T.A.R.S. El equipo está comisionado a investigar una serie de asesinatos de personas que muestran rasgos de canibalismo en sus cuerpos. Después de perder al equipo de investigación Bravo, el equipo Alpha sale en su búsqueda. Por supuesto, los personajes encontrarán a un zombie en la zona en la cual se perdió el equipo Bravo.

A partir de este momento, el jugador puede tomar el control y escoger entre Jill Valentine o Chris Redfield.

Cada juego de Resident Evil sigue su propia historia. La mayoría de ellos se centra en el enfrentamiento de los personajes con los zombies: siempre hay una misión que cumplir. La saga de juegos *Resident Evil* ha generado muchos productos culturales a lo largo de los años, y ella está muy cerca de los corazones de quienes somos fanáticos de los zombies.

- *Dead Rising*

Dead Rising es otro videojuego desarrollado por Capcom.

Este juego pertenece al género de acción-aventura, mundo abierto y *survival horror*. La historia del videojuego sigue a un hombre llamado Frank West que se ve atrapado en un centro comercial en Colorado, al puro estilo de *Dawn of the Dead* de George Romero y de Zack Snyder.

Lo interesante del juego es que Frank es un fotoperiodista, así que tu misión durante el juego será desenmascarar lo que sucedió y desencadenó este enorme aprieto. Sin embargo, no te será tan sencillo llegar a la verdad.

La mecánica del juego es simple: debes explorar el centro comercial y usar cualquier objeto como arma para reventar los cerebros de los zombies.

. . .

El juego te da la posibilidad de combinar esos objetos para convertirlos en armas más fuertes. Por ejemplo, en este juego es donde nace la mítica arma del bate de béisbol con clavos. ¡La única limitante es tu imaginación!

Usa tu ingenio para crear cuantas armas veas posibles; mientras mejor combines objetos, mejor y más fuerte será tu arma. Puedes usar esos objetos para matar zombies o psicópatas enloquecidos que quieren evitar que cumplas tu misión.

Este juego tiene diferentes entregas; cada una tiene misiones, personajes y armas nuevas. Y dentro de cada juego también hay diferentes modos se juego. Si te interesa divertirte matando zombies, te recomiendo este juego.

Algo que le hace destacar es que hace de la matanza de zombies un deporte divertido e hilarante. ¡Mata los zombies que puedas! El juego te dirá cuál es tu racha y podrás establecer tus propios récords.

- *Call of Duty: Zombies*

Una variante de los shooters en primera persona, *Call of Duty* modo zombies es uno de los juegos que por más años ha mantenido entretenidos a los amantes de los zombies.

Hay muchos juegos de *Call of Duty*, pero algunos afortunados tienen la ventaja y la suerte de tener en ellos el modo zombie. En este modo de juego el jugador podrá escoger entre distintos mapas, cada uno con misiones y personajes específicos. El objetivo general es sobrevivir el mayor número de rondas posibles.

Los *Call of Duty* que tienen este modo de juego son *Call of Duty; World at War*, *Call of Duty: Black Ops*, *Call of Duty: Black Ops II*, *Call of Duty: Black Ops III*, *Call of Duty: Black Ops IIII* y *Call of Duty: Cold War*.

- *Left 4 Dead*

Left 4 Dead, en su primera y segunda entrega, es uno de mis juegos favoritos. Al día de hoy he juntado más de setenta y cinco horas de juego, ¿te imaginas? Para los estándares de cuánto tiempo debe durar la campaña de un videojuego, setenta y cinco horas es muchísimo tiempo (una campaña considerada larga dura aproximadamente de diez a quince horas, por ejemplo).

Este proyecto es desarrollado por Turtle Rock Studios y distribuido por Valve Corporation. Figura en esta lista porque es uno de los juegos más exitosos de zombies que existe. ¿De qué trata? El género es un juego de disparos en primera persona, cooperativo y *survival horror*. Tanto en la primera como en la segunda entrega, la persona puede jugar como los personajes de un grupo de cuatro personas que busca sobrevivir el alcance de los infectados. Tendrás que vencer diferentes mapas con hordas infinitas para poder completar el juego.

¿Qué hace especial a *Left 4 Dead*? El diseño responde al principio de *negative feedback* o retroalimentación negativa.

Esto significa que el juego está programado para desarrollarse a partir de las acciones de los jugadores. Digamos que estás en un equipo de cuatro, y uno de ustedes decide alejarse del equipo. Si esto sucede, esa persona será inmediatamente atacada por uno de los zombies jefe del juego.

Si te está yendo bien en tu partida, entonces el juego te pondrá en situaciones más apretadas. Y si te está yendo mal, la computadora te ayudará a que estés mejor. Es decir: el juego nunca es monótono porque se adapta a las habilidades y debilidades de los jugadores.

Por eso, aunque haya sido lanzado hace más de diez años, este juego sigue siendo uno de los favoritos de los fanáticos: ¡nunca te aburres! Puedes disfrutar de los infectados comunes o de los infectados jefe. ¡Te enfrentarás a zombies con capacidades especiales como llenarte de vómito atrae-zombies o ácido que quema! Nunca te vas a cansar de *Left 4 Dead 1* o *Left 4 Dead 2*. Sé que no me he cansado y tengo mi meta de llegar a cien horas de juego.

Videos musicales

- "Thriller" de Michael Jackson

John Landis fue el director responsable de realizar la visión de este video musical. *Thriller* es el sexto álbum de estudio del rey del pop, Michael Jackson. El video de la canción homónima, lanzado en 1984, muestra a una pareja que disfruta de una cita en el cine. La película que se proyecta muestra a una chica cuyo novio se convierte en hombre lobo cuando sale la luna llena. En la película vemos a Michael Jackson y a su novia como protagonistas. Sin embargo, también fuera de la película, en el espacio narrativo principal del video, vemos también a Michael y su novia. El director nos mete en una especie de metanarrativa donde Michael protagoniza un video musical y una película al mismo tiempo. En fin, la chica se asusta de la película y ella y Michael salen del cine.

Bueno, no tengo que explicar qué pasa con lujo de detalle porque creo que todos conocemos el icónico desenlace de "Thriller": muertos vivientes que bailan a la par con el rey del pop.

. . .

Este video musical está en esta lista porque se estrenó en un año en el cual el cine de zombies estaba en boga.

Cerca de 1984 veremos que subirá el volumen de cintas cinematográficas de zombies que se estrenarán. Michael Jackson juega con el concepto de zombies y le da un nuevo significado. ¿Recuerdas que en la segunda etapa del cine zombie, la cual toma lugar en la segunda mitad del siglo XX, el origen de los zombies no se mostraba en las tramas? Bueno, este video ofrece su propia propuesta del origen de los zombies: son personas que han revivido de sus tumbas para venir a atacarnos. ¡El video terminaría siendo épico para la cultura occidental contemporánea!

4

Zombies en la vida real: ¿de verdad existen?

La pregunta ahora perdura, ¿pueden llegar a existir los zombies? Tan sólo pensarlo puede poner nerviosas a muchas personas. Para mí, esta criatura es sólo asunto de ficción e imaginación humana. Claro, es cierto que los rituales vudú en Haití sí producían personas que podían llegar a ser consideradas zombies. Sin embargo, el elemento crucial para responder la pregunta por la existencia real de los zombies es que hay que considerar que gran parte de lo que construye este mito es nuestra creatividad e imaginación. Cuando se realizaban los rituales vudú en Haití, el concepto de zombie como hoy se tiene aún no se había sintetizado. Fue la cultura extranjera la que fue transformando esta expresión cultural en lo que hoy consumimos en nuestras pantallas. Nada malo en ello, sólo es un proceso por el cual pasan las expresiones culturales en un mundo internacional y globalizado.

En fin, ¿pueden llegar a existir los zombies o no? Mi opinión personal es que sí, sí pueden existir. No veo tan descabellado que lo que pasó en *I Am Legend* se replique en el resto del mundo. ¿Un virus que modifica nuestro comportamiento y nuestra apariencia? No suena tan imposible. Quizás por eso el zombie actual suele ser un infectado y no un muerto viviente. La idea de una infección pandémica mundial es más realista que una magia negra que despierte a los muertos de la tierra. Las personas nos sentimos atraídas hacia lo que nos asusta, y creo que a todas nos asusta que exista la posibilidad de ser infectadas por una enfermedad extraña. Por ejemplo, ¿conoces la enfermedad del ciervo zombie? Ésta es una infección que destruye el sistema nervioso de los ciervos y los convierte en criaturas que replican un comportamiento zombie. Los ciervos infectados sufren de afecciones neuronales. El virus se contagia por medio de las plantas y el suelo, y es capaz de llegar a los humanos.

. . .

Pero bueno, no tomes mi palabra si no quieres. Mejor déjame contarte de algunos casos reportados de actividad zombie en el mundo real que de hecho sí han pasado.

Debemos tomar estas historias con una interpretación abierta y receptiva, porque recuerda que la realidad siempre supera a la ficción.

Un caso de zombies en la vida real es el de Clairvius Narcisse, un hombre haitiano que sufrió los efectos de una droga psicoactiva a manos de su hermano. Ya comentamos este caso en el primer capítulo. Además, existe otro caso de una "mujer zombie" capturado en Seattle, Estados Unidos. Esta mujer se veía con una apariencia degradada. Tenía poco cabello en la cabeza, los ojos marcados por dos círculos negros, polvo blanco en la cara y la ropa rasgada. Se observa un bulto en su estómago, como si estuviera embarazada, y el bulto tiene sangre encima. El video fue capturado por una usuaria de las redes sociales, e inmediatamente se hizo viral por la extraña apariencia física de la mujer. Aunque los policías abordaron a la mujer en la calle, ella seguía gritando de dolor y resistiéndose a la ayuda de los oficiales. Los usuarios de las redes tienen la teoría de que la mujer es, en efecto, una zombie, pero un zombie que sirve de promocional para una película del género. Sin embargo, la dueña del video afirma que esta mujer zombie pudo haber sido una persona con alguna enfermedad mental o deficiencia nutricional, condiciones que pudieron haberla puesta en este estado confundido por comportamiento zombie.

Otra anécdota que puede causar asombro y susto, es la de la droga Krokodil. Recuerdo que hace algunos años se difundieron fotos y videos de jóvenes que consumían esta sustancia constantemente, y el mundo se consternó.

Lo que hace que esta droga figure en este libro es que es una droga cuyos efectos secundarios hacen parecer zombies a sus consumidores. ¿Pero qué es el Krokodil? Es una droga de fabricación casera que se sintetiza a partir de una sustancia llamada codeína. Esta droga suele ser popular porque su sintetización no es complicada, sus ingredientes se consiguen fácilmente, es altamente adictiva —diez veces más adictiva y potente que la heroína— y muy barata. Esta droga tiene efectos secundarios muy perjudiciales para el cuerpo. Se le llama Krokodil porque convierte la piel de sus usuarios en una piel verde y escamosa, la cual se asemeja a la piel de un cocodrilo. Entro otros efectos secundarios, está el daño en los músculos y otros tejidos, daño al sistema vascular que incluye la apariencia de hemorragias, abscesos y úlceras, infecciones en la piel, necrosis, desprendimiento de la piel en zonas de tejido muerto, caída de los dientes y problemas de habla y coordinación motora. ¿Te suenan familiares estos síntomas? Son características de los muertos vivientes o infectados, si lo vemos con atención. El uso de esta droga podría darnos muchas historias de zombies en la vida real. En vez de consumir una pócima de un ritual vudú, ser víctimas de magia negra o un virus de un laboratorio, los usuario de la droga Krokodil consumen una sustancia que existe en el mundo real y causa efectos secundarios graves. Afortunadamente para nosotros y para quienes consumen Krokodil, las consecuencias de la droga no son contagiosas y no pueden ocasionar un apocalipsis zombie mundial.

Hay un caso que es espeluznante; se conoce como "El Zombie de Miami". Este caso cuenta la historia de un hombre de treinta y un años que, bajo los efectos de la droga sintética conocida como "sales de baño", fue encontrado comiéndose el rostro de una persona indigente. El uso de estas sustancias ilegales causan paranoia extrema, agitación, comportamiento errático y alucinaciones.

El Síndrome de Cotard es una enfermedad mental o psiquiátrica que hace que quienes la padecen creen que están muertos en vida. Las personas no son capaces de sostener amistades o relaciones sociales de cualquier tipo, y creen que han muerto, que sus órganos están en estado de putrefacción y que no existen. Esta es una enfermedad mental que se caracteriza por ser un delirio típico de casos depresivos muy graves. Las personas que la padecen serían, en sus mentes, muertos en vida.

De los casos anteriores puedo comentar que no es que los zombies no existan. Sí existen los zombies, pero solamente si nos permitimos una interpretación no literal del concepto. Tal como nos los muestran en las películas o series, los zombies no existen. Sin embargo, hay condiciones mentales, físicas o casos relacionados con drogas que nos demuestran que la gente puede llegar a sufrir un caso de zombieficación, por ponerle un nombre.

Las criaturas zombie del mundo real son personas que han sido llevadas a casos y circunstancias extremas. ¿Esto descarta que tomen lugares escenarios como los de las películas *I Am Legend*, *28 Days Later* o *World War Z*? No. Lo único que nos indican los zombies de la vida real es que la realidad siempre supera la ficción. Así como hay muchos tipos de zombie en la cultura popular del mito, también en la vida real hay diferentes posibilidades y circunstancias que pueden derivar en la existencia de zombies humanos.

5

¿Cómo sobrevivir a un apocalipsis zombie?

Bueno, ¿y si mañana llegara a acabarse el mundo por un apocalipsis zombie? Digamos que despiertas en tu cama, en tu casa; el sol entra por la ventana y es un lunes común y corriente. Este tipo de situaciones apocalípticas y desastrosas nos toman por sorpresa, y ni siquiera podemos pensar en qué hacer o a dónde ir. Estás en tu cama y abres el periódico de la mañana. Todo es normal hasta que las noticias se llenan de reportes de personas infectadas que atacan a otras personas. Pudieras pensar que esto va a controlarse y no va a llegar hasta tu ciudad; o puede que creas que ya vas tarde para ejecutar tu plan de evacuación. Como sea que vayas a actuar, lo cierto es que necesitas tener un mínimo necesario de reglas o principios, llamémosles, para tratar de sobrevivir el mayor tiempo posible. ¿Cuáles serían tus prioridades al actuar?

¿Qué debes buscar primero: alimento o refugio? ¿Cómo vas a contactarte con tus seres queridos? ¿Cómo vas a conservar la cordura?

En este capítulo veremos algunas herramientas que pueden serte útiles en la ocasión de un apocalipsis zombie. Recuerda: las reglas son sólo recomendaciones.

Siempre puedes guiarte por tus propias normas: siéntete libre de tomar o dejar los consejos que creas necesarios.

También ten en mente que si sigues al pie de la letra nuestra guía, no es seguro que vayas a sobrevivir. Como todo, este reglamento es sólo una manera de prevenir que te coman los zombies, te quedes sin comida o te veas sin un refugio en el cual pasar la noche. ¡Mas no te desanimes! Si la humanidad se extingue, por lo menos acabará la crisis climática (un poco de humor no hace daño). A continuación, nuestra guía para superar un apocalipsis zombie y no morir en el intento.

Antes del apocalipsis zombie

Por supuesto, decir "antes del apocalipsis zombie" sólo se hace por efectos prácticos.

Como dijimos anteriormente, una catástrofe sucede antes de que puedas reaccionar ante ella. Sin embargo, considero que hay un momento, por más breve que sea, en el cual leemos las noticias, escuchamos alertas en la radio o vemos señales en la calle que nos indican que algo malo va a pasar. El mundo real no es una película, y un tipo de virus o bacteria que llegara a convertirnos a todos en zombies no se va a propagar en un sólo día. El mundo es inmenso, y yo le daría al caos, mínimo, una semana o dos para llegar a cada rincón del planeta. Así, te recomendamos que tomes unas cuantas medidas para que te prepares para lo peor que aún está por llegar.

- Consulta las noticias

Normalmente hay reportes por aquí y por allá que indican que algo raro está pasando en algún país o en alguna ciudad. Es posible que muchos de ellos lleguen a ti con días de retraso, entonces vete haciendo a la idea de que el apocalipsis puede llegar más pronto de lo que esperas. Siempre será de crucial importancia que consultes las noticias; mientras más lo hagas, mejor. Ten en mente que, a menos que el caos total esté en la puerta, los medios de comunicación no van a querer un desastre en sus manos. Tienes que buscar medios veraces y serios porque en este tipo de situaciones muchas personas pueden ocultar la verdad o aprovecharse de la desinformación, el pánico y la falta de oportunidades. Por lo tanto, si es posible, ten los ojos abiertos. La información es poder.

Y si no tienes tiempo de ni abrir el periódico o tu aplicación de medios digitales, estás sólo con tu suerte.

- Trata de mantener la calma

Ya sea que hayas podido leer o no las noticias o que haya cobertura o no de lo que esté pasando en el mundo, tú tienes que mantener la calma. Sé que es muy difícil, pero inténtalo. No hagas nada precipitado si puedes evitarlo.

. . .

Algo que nos han enseñado las películas es que hay dos tipos de reacciones inmediatas ante la amenaza de un apocalipsis zombie. Primero, está la reacción de las personas que entran en pánico desde el primer momento.

Claro, quizás sea algo bueno. Esas personas pueden tener inyecciones de adrenalina, por lo tanto, son capaces de correr más rápido, por ejemplo. Sin embargo, está el lado negativo: si tienes miedo, te hiperventilas, te cansas, dejas de pensar, te agotas. Tu cuerpo entra en un estado de alerta que trata de mantenerte con vida a toda costa. Esto podría parecer bueno, pero dejar de pensar es una acción muy peligrosa. El uso de la razón puede ser la diferencia entre buscar pronto un escondite o correr directamente a la horda de zombies que se avecina hacia ti. Por eso, tienes que prepararte para tener la segunda reacción: procura mantener la calma.

Conservar la tranquilidad no significa hacer las cosas con lentitud o evitar correr o esconderse. Por el contrario, estar en calma nos da la ventaja de poder considerar con mayor raciocinio nuestras opciones.

Como resultado, vamos a aumentar nuestras posibilidades de supervivencia ante la inminencia del ataque de los infectados o muertos vivientes. Si no pudiste ver las noticias porque los medios de comunicación colapsaron, ¡no te asustes! Bueno, sí asústate pero no entres en pánico total. Olvídate de esa opción y busca la siguiente. Si ya no hay nada en la televisión, ¿puedes buscar información en otro lado? ¿Puedes comunicarte con otras personas que sepan lo que está pasando? Ve descartando cada idea según lo que veas que está pasando. Seguramente vas a encontrar algo que sea realizable, y es ahí donde debes actuar con calma y orden. Piensa rápido y piensa con eficacia.

- Tener provisiones a la mano: equipo mínimo de supervivencia

No estoy diciendo que construyas un búnker bajo tu casa y guardes comida para alimentar a un ejército entero, aunque admito que sí tiene su valor tener todo lo suficiente para sobrevivir a cualquier eventualidad. Este consejo está hecho para recordarte que tengas lo necesario a la mano en el caso en el que tengas que salir rápido de tu casa.

. . .

Lo primero que debes hacer es ubicar un lugar de fácil acceso para tus provisiones. No pongas tu mochila de viaje en la parte de arriba del clóset en la cual guardas los adornos de navidad y las sábanas para el frío. Un buen sitio sería debajo del lavaplatos en la cocina o debajo de un colchón. También piensa en poner tu mochila de provisiones cerca de la puerta de salida de tu casa. Si tienes un clóset de limpieza o de abrigos, estás viendo el lugar correcto. La idea, en general, es que tengas bien ubicado el espacio en el cual vas a guardar tu paquete de emergencia. Si vives con más personas, asegúrate de que ellas también sepan en dónde conseguir el paquete.

El segundo paso para preparar el equipo de supervivencia es hacer una lista de cosas que necesitas para enfrentar una emergencia. Haz un recuento de lo que pudieras llegar a necesitar. Una vez hecho eso, arma el paquete con todos los elementos de la lista. En realidad, no es complicado cumplir este paso: recuerda siempre que este tipo de suministros son cosas que ya tienes a la mano.

¿Qué tipo de víveres vas a preparar?:

- Baterías. Baterías para linternas, radios portátiles. Es importante que nunca falte la energía porque ten por seguro que faltará muy pronto.
- Documentos. Lleva contigo tus documentos de identidad oficiales como un pasaporte, una licencia de conducir, una credencial para votar, una forma migratoria. Empaca los documentos oficiales y las copias de los documentos. Si se te llegara a perder tu pasaporte, no vas a querer quedarte sin ningún papel que diga quién eres. Aunque parezca imposible al principio, quizás en el apocalipsis queden autoridades gubernamentales que intenten hacer algo para preservar la humanidad y civilización que quede con vida. En ese caso, necesitarás comprobar quién eres y quiénes son tus seres queridos.
- Alimentos. Regla de oro para supervivientes: dile no a los alimentos perecederos. Éstos son frutas, verduras, lácteos y productos de origen animal. En esencia, no lleves alimentos que deban ser conservados en refrigeración. Opta, por el contrario, por alimentos no perecederos.

Escoge comida que no deba ser refrigerada y que esté sellada al vacío. Ejemplos de las provisiones que vas a querer llevar son las harinas, la pasta, el azúcar, los productos enlatados, los productos en cartón o plástico, la sal, el aceite, el café y los granos. Te recomiendo que escojas un surtido y que juntes suficiente comida para durar desde dos semanas hasta un mes como mínimo.

- Medicinas. No importa la edad o condición física que tengas, todas las personas son susceptibles de caer por algo tan simple como un resfriado común. Si el apocalipsis de zombies no te atrapa, entonces seguro lo hará alguna herida mal tratada, un accidente o una enfermedad. Tienes que asegurarte de tener todo lo necesario en cuanto a medicamentos. Te recomiendo preparar un kit de primeros auxilios con los siguientes productos: un manual de primeros auxilios actualizado, teléfonos de emergencia, gasa estéril y vendas adhesivas, venda elástica, una férula o tablilla, toallitas desinfectantes, jabón, pomada antibiótica, solución desinfectante, paracetamol o ibuprofeno, tus medicamentos habituales (para tratar alguna enfermedad, condición o padecimiento crónico), tijeras, pinzas, imperdibles, bolsas o compresas de frío y calor, alcohol, termómetro, guantes de plástico, una sábana y una mascarilla de reanimación cardiopulmonar. Sí, son muchas cosas; claro que no tienes que armar un kit de primeros auxilios perfecto. Esta es sólo una idea de algunos elementos que pudieras llegar a necesitar pronto en una emergencia.

- Ten un plan de emergencia

Ya tienes todo lo necesario para salir a enfrentar, lo mejor que puedas, al apocalipsis zombie.

Tienes tu paquete de emergencia, mantuviste la calma y consultaste las noticias. Sin embargo, estas medidas no pueden asegurar nada al cien por ciento. Debes tener un plan de emergencia por si llegaras a tener que moverte de tu casa de imprevisto. ¿A dónde irías? ¿Con quién te reunirías? Si tuvieras que dejar tu casa, ¿cuál sería el punto de encuentro? Bueno, ahora es el momento para tener un plan de contingencia. Piensa cuál sería un buen lugar al cual ir si todo llegara a colapsar. Quizás pudieras ir a casa de un familiar o a un lugar público; ubica cuáles son tus mejores opciones. ¡Que los zombies no te alcancen de sorpresa!

Durante el apocalipsis zombie

Sobreviviste a tu primer encuentro con el apocalipsis, ¡bien! Ahora es cuando viene lo peor, así que prepárate.

¡Hay zombies por todos lados! ¿A dónde vas? ¿A quiénes ves? ¿En quién confías? ¿Cómo te enfrentas a los muertos vivientes? ¿Cómo encuentras el mejor refugio? ¿Qué pasa si no tienes armas? ¿Llegará pronto un rescate? Como toda catástrofe que ha pasado la humanidad, no sabemos cuánto tiempo vamos a estar enfrentando dificultades ni qué tan duro será el camino.

A veces es sólo cuestión de tiempo (demasiado tiempo) que la civilización regrese a la normalidad. En peores casos, las cosas nunca van a volver a ser como eran antes; el mundo que conocemos puede llegar a perderse por completo. Es por eso que es necesario que tengas las herramientas físicas y mentales para superar este apocalipsis. Las siguientes medidas son cruciales para asegurar que te mantengas a ti y a tus seres queridos con vida el mayor tiempo posible.

- Ubica una salida de emergencia

Este punto está en conexión con el último de la sección anterior: busca una salida de emergencia si es necesario. En las películas siempre vemos que las autoridades de gobierno le piden a la ciudadanía que se quede en sus casas. ¿Pero cuánto tiempo podemos aguantar en la comodidad de nuestro hogar? No mucho. Es por ello que siempre debes estar consciente de que llegará un momento del apocalipsis en el que tengas que emigrar.

Identifica las salidas de emergencia de tu casa, tu edificio, tu oficina o del lugar en el que estés. Si es posible correr por allí, hazlo. Es vital que sepas cuál es el camino para escapar de los problemas porque éstos van a llegar rápido y con mucha hambre que van a querer saciar. Para mantenerte con vida, siempre debes moverte con agilidad.

- Encuentra a tu gente: ¡reúnete con los vivos!

Este es un punto que tiene truco, pues veremos más adelante que lo mejor que puedes hacer no siempre será juntarte con otros grupos de supervivientes. Sin embargo, demos por sentado por ahora que lo mejor es que te juntes con otras personas. Cuando el apocalipsis esté en la puerta de tu casa no vas a querer enfrentarlo en completa soledad. Siempre será mejor que te reúnas con otros seres humanos. Así podrás trabajar en conjunto, colaborar y ayudar a otras personas que puedan ayudarte a ti. En esencia, ¡quédate con los tuyos, es decir, con los vivos! La mejor arma que tenemos para pelear contra los zombies es nuestra inteligencia y nuestra capacidad para cooperar.

¿Sabes cuál es la razón por la cual los *homo sapiens* son la especie homínida que ha sobrevivido hasta el día de hoy?

Porque hace miles de años pudimos organizarnos entre nosotros. Los *homo sapiens*, hace decenas de miles de años, solían enfrentarse constantemente contra los neandertales porque ambas especies de homínidos coexistían en el mismo tiempo y espacio. Los neandertales eran más altos, fuertes, rápidos; tenían más y mejores habilidades físicas que nosotros los *homo sapiens*. Entonces, ¿cómo es que nuestra especie salió victoriosa? Es porque tenemos la capacidad de razón y pensamiento.

Con nuestras mentes logramos hacernos a la idea de que éramos un grupo unido. Por lo tanto, nuestro sentimiento de unidad pudo enfrentarse contra otros homínidos que, en primera instancia, parecían más habilidosos que nosotros. La unidad y cohesión social nos hacen fuertes, y eso es lo que nos va a salvar de un apocalipsis zombie. Imagínate que los zombies son los neandertales.

Los zombies no saben planear estrategias ni rutas de escape; no piensan en la unidad de una familia o un grupo de personas con un objetivo en común; no saben trabajar hacia una meta para un bien mayor. Será crucial que en el apocalipsis te encuentres con los tuyos para poder poner manos a la obra lo más pronto posible. Si tu grupo es pequeño, necesitarás maña; y si el grupo es grande, vaya, ¡la fuerza nunca falla!

- Aprende a reconocer oportunidades: si encuentras refugio, quédate allí

Una vez que ya hayas encontrado un grupo, ahora deberás ver dónde esconderte durante la primera etapa del apocalipsis zombie. Ningún refugio va a ser eterno, mucho menos al inicio de una pandemia de zombies. Sin embargo, mientras tengas un lugar donde dormir, comer y recuperar fuerzas, estarás bien durante los primeros días o semanas.

Hay muchos tipos de refugio que puedes escoger, ¿cuál es el mejor? Lo que queremos hallar es un sitio en el cual podamos reducir al mínimo la entrada de los muertos vivientes. Es decir, procura que tu refugio no tenga muchas ventanas ni puertas; y si tiene ventanas, que sean ventanas en un lugar alto o de difícil acceso para tus enemigos. Si hay más entradas de las que tú y tu grupo pueden cubrir, entonces será más difícil para ustedes que se protejan de los ataques. ¡Evita los puntos ciegos! Este es un principio clave para un buen refugio.

. . .

Lo siguiente que debes buscar en tu refugio es paredes altas y resistentes. Si tienes mucha suerte, seguro tendrás la fortuna de guardarte en una casa con los mejores muros que hayas visto jamás. Pero, ¡qué suerte sería esa!

Si no encuentras un sitio así, entonces prepárate para fortificar. Tendrás que bloquear todas las puertas y ventanas del refugio. Utiliza tablas, clavos, muebles grandes y pesados y cualquier otro mobiliario que encuentres por la casa. Cualquier objeto pesado o que puedas apilar será bueno para tapar las entradas.

Ahora bien, si no consigues estar en un lugar como una casa o una tienda, tendrás que montar un refugio al aire libre. En este caso, será buena idea pensar en montar un campamento.

Lo ideal es encontrar estructuras que te brinden algo de protección contra el clima, los animales salvajes y, claro, los zombies. Por ejemplo, a veces hay centros o torres de control en medio de la selva o el bosque; podrías estar ahí. También intenta buscar sitios altos como presas o mesetas. Si tienes altura, podrás ver cualquier amenaza que se acerque a ti. No te escondas en medio del bosque, rodeado de árboles que son fáciles de perder. Lo mejor para tu refugio es que puedas identificarlo fácilmente y que tenga la menor cantidad de puntos ciegos.

Por último, si vives en una ciudad grande, ¡sal de ahí! Si ves que la situación se ha vuelto insoportable, sal de la ciudad. Los grandes centros urbanos son el ambiente perfecto para los contagios en masa. Por lo tanto, habrá menor tiempo para escapar y mayor cantidad de zombies.

¡No vas a querer que te coma tu vecino! Y en la eventualidad de que todas las familias de tu edificio se contagien, no querrás estar atrapado en un piso cinco sin poder optar por ninguna escapatoria.

Ahora sí, ¡hay que aguantar! Y si tu refugio se convierte en un lugar inseguro, pasa a lo siguiente. Si vale la pena luchar contra los zombies para conservar tu seguridad, hazlo. Si no vale la pena, entonces corre.

. . .

Una clave para la supervivencia es que sepas reconocer las oportunidades para actuar.

- Que nunca te falte comida y medicina

Esta regla es bastante obvia, pero no hay nada de malo en recordarla. Si juntaste los víveres suficientes antes de que estallara el apocalipsis, seguramente estarás bien por un tiempo y no te verás en la urgencia de tener que buscar lo que haya sobrado en un supermercado o una farmacia.

Sin embargo, seamos realistas: que no haya escasez es una utopía. Una vez que te hayas puesto a salvo en un refugio, busca comida y medicina. Éstos son los tipos de suministros que más rápido se acaban. No sólo la gente va a entrar en pánico, sino que los alimentos no perecederos no son infinitos. Si llegas tarde a buscar comida y medicina, sólo vas a encontrar frutas y vegetales podridos y medicinas cuyo nombre ni siquiera puedes pronunciar.

. . .

¡Piensa rápido! Recuerda que las cadenas de producción van a caer en un apocalipsis zombie. Nadie va a tener tiempo de cultivar tierras para marcas internacionales, empacar carnes y lácteos ni distribuir medicinas a las farmacias locales. Debes prevenir cualquier desastre que pueda pasar, pues la civilización como la conocemos va a colapsar.

- No te quedes sin ninguna defensa contra los zombies: ¡encuentra armas!

Importantísima regla: armas, armas, armas. ¡Que no falten! Ellas van a ser un muy buen punto en tu estrategia de lucha contra los infectados. Ahora bien, no te dejes llevar por la emoción. Si algo hemos aprendido del mundo de los zombies representado en la cultura popular, es que no todas las armas son buenas para protegerte de los zombies. Para escoger el arma ideal con la que sobrevivirás este apocalipsis debes pensar en las siguientes pautas:

- Prefiere las armas que no utilicen municiones. Es cierto, una pistola será mucho más eficaz ante un zombie que un palo puntiagudo. No obstante, las pistolas, escopetas, metralletas, rifles, entre otras, son armas que son inútiles si no tienen qué disparar. No puedes depender por completo de las municiones porque no es probable que encuentres pronto un repuesto para tus pistolas. Piensa que, como tú, hay muchas otras personas que pensaron que la mejor idea sería tener las armas más pesadas que existen. Todas esas personas irán a buscar municiones, y la escasez llegará antes de que te des cuenta. Prevén esto y no dependas de pistolas.

- Escoge armas no ruidosas. Si bien es cierto que los zombies pueden tener características muy variadas, recuerda que ellos son criaturas que han perdido toda voluntad, conciencia, pensamiento y razón. Como cualquier ser vivo, van a reaccionar a cualquier estímulo que se cruce en su camino; no vas a querer tener un arma muy ruidosa cuando esto pase. Por ello, y en conexión con el punto anterior, guarda las pistolas para emergencias y cuídate de no hacer ruido innecesario. Es mejor no disparar antes que lamentar.
- Entonces, ¿cuál es el arma ideal para el apocalipsis zombie? Yo recomiendo que

escojas cuchillos, palas, flechas, machetes, hachas, palos afilados, mazos, martillos. Cualquier cosa con filo, buena punta o un extremo sólido y fuerte será una excelente opción. Estas armas no son ruidosas y no dependen de munición para funcionar. Claro, eventualmente tu cuchillo perderá su filo o perderás todas las flechas que disparaste, pero puedes sacar más filo o fabricar más flechas. Siempre procura tener armas de este tipo en tu arsenal. Que no falten las pistolas, pero guárdalas para emergencias.

- Escóndete

Una vez que tengas refugio, armas, alimento y medicinas, ¡prepárate para vivir en las sombras! No te arriesgues si no tienes que hacerlo.

Los zombies son criaturas que ya no tienen consciencia, memoria, voluntad ni inteligencia: sólo responden ciegamente a estímulos externos. Usa esta información para tu ventaja: no le des razón a los zombies para que te coman.

. . .

Guárdate en las sombras, anda con cuidado y no hagas ruido.

- Evita las peleas directa contra los zombies si puedes hacerlo

Este punto está en conexión con el anterior. Si no tienes que pelear contra los zombies, ¡no lo hagas! La mayoría de los zombies que conocemos en la cultura popular son lentos y muy torpes. Sin embargo, también hay muertos vivientes que son muy rápidos, inteligentes, habilidosos y fuertes. Por ello, no te arriesgues y no te hagas el héroe.

Los zombies te superan en número, y eso puede derrotar a cualquier ejército humano. Además, ten en cuenta que muchas de las personas de tu grupo se van a dejar llevar por el pánico y el miedo. Si te peleas con un zombie, no sólo vas a cuidarte a ti sino también a los demás. Te recomiendo que tomes las siguientes medidas para evitar pelear con los zombies; y si debes enfrentarte a ellos, también sigue estos consejos.

- Para evitar pelearte con los zombies, debes

recordar que aunque ellos sean más lentos que tú, tú estás solo y puedes cansarte más rápido. No olvides que sigues siendo un ser humano y no tienes poderes sobrenaturales. Procura esconderte siempre que puedas. Utiliza tu ingenio para pasar desapercibido ante los zombies. Lleva armas como hachas, machetes, cuchillos, flechas. No mates a los zombies si no te estorban. No busques pleito, porque donde hay un zombie, tres más van a aparecer. El ruido va a llamar mucho la atención. Además, recuerda que hay algunos muertos vivientes que se mueven en horda. ¡No te confíes!

- Si no tienes opción, ¡pelea con todas tus fuerzas! Antes de pelear cuerpo a cuerpo contra los zombies, fíjate si hay herramientas que puedas utilizar a tu favor. Por ejemplo, ¿tienes armas que puedas utilizar desde la distancia? ¿Hay objetos que puedas accionar para matar a muchos zombies en un solo movimiento? Imagínate que tienes a la mano un bidón de gasolina, una botella de alcohol o cualquier otro producto con una sustancia química inflamable. ¡Usa tu ingenio para sacar de

combate a cincuenta zombies a la vez! Prefiere los ataques a los zombies en conjunto y a la distancia.
- Mantén un registro de todos tus suministros

Además de lo que ya vimos sobre conseguir comida, medicina y provisiones en general, es importante que lleves la cuenta de cuántas cosas vas obteniendo, usando o perdiendo. Es decir, no digo que anotes con absoluto rigor cada una de tus pertenencias y herramientas de supervivencia. Sabemos que en cualquier momento puede ser que debas abandonar tu refugio o pierdas tus suministros, y por eso no recomiendo que pienses demasiado en ello. Sin embargo, para aumentar tu probabilidad de sobrevivir al apocalipsis zombie debes saber con qué cuentas. Digamos que estás con un grupo de personas guardado en un refugio. Cada cierto tiempo más sobrevivientes se unen al grupo y otros se van, pero nadie lleva un registro de los recursos con los que se cuentan para la vida. Son matemáticas simples: tienes diez bocas que alimentar, pero sólo cinco pedazos de carne. Pues bien, por esto es crucial que sepas con qué recursos cuentas antes de tomar decisiones apresuradas. Si algún miembro del grupo se enferma, una lista de provisiones te ayudará a elegir qué curso de tratamiento llevar. No puedes gastar todo el contenido de tu kit de primeros auxilios en un sólo día.

- Aprende nuevas habilidades de supervivencia: prepara tu cuerpo y tu mente

Cuando hablamos de un apocalipsis zombie, nos referimos a un mundo completamente diferente al que conocíamos antes.

Como seres humanos, tenemos la capacidad de adaptarnos, y este nuevo mundo necesitará que nos adaptemos. Si no logramos acoplarnos, no vamos a sobrevivir.

Un nuevo mundo va a implicar que aprendas nuevas habilidades que antes no tenías. Antes no teníamos que conseguir nuestra propia comida en un bosque o una tienda abandonada, por ejemplo. Sólo bastaba con ir al supermercado y tener suficiente dinero para pagar nuestros alimentos. Ahora, la vida en el planeta que le pertenece a los muertos vivientes va a requerir el mayor esfuerzo que tengamos para poder mantenernos a salvo.

. . .

Ahora, tendremos que ir un poco más lejos del supermercado para obtener comida y medicina.

Es por lo anterior que el siguiente punto de nuestra guía básica de supervivencia del apocalipsis zombie es uno de los más importantes. Cuando digo que hay que aprender nuevas habilidades de supervivencia no me refiero únicamente a que hay que averiguar cómo hacer una fogata en el bosque, acampar al aire libre o conseguir comida por medio de la caza de animales. Este nuevo ambiente va a exigir cosas de la humanidad que quede con vida, cosas que jamás hubiéramos imaginado antes: nuestra mente también va a pasar por un proceso de adaptación duro.

Nuestro ánimo, nuestra salud mental, nuestras relaciones con otros seres humanos: todo va a ser puesto a prueba.

Para suerte de quienes sobrevivamos o esperamos sobrevivir el fin de los tiempos, aquí veremos algunos consejos útiles que nos ayudarán a aprender habilidades que nos vendrán bien durante el apocalipsis.

. . .

Lo primero que tendrás que aprender es que el mundo ha cambiado. Claro, es posible que la civilización se restaure de alguna manera en un futuro, pero debes abandonar esa idea en este momento porque no va a llegar pronto. La esperanza nos mantiene con vida, pero debes asegurarte de que no esté tu esperanza en el lugar incorrecto.

Volviendo a nuestro tema: el mundo ha cambiado, así que acóplate. Si quieres sobrevivir, deberás trabajar duro no para aspirar a volver a lo que éramos antes, sino para hacer algo bueno con lo que ya tienes. ¿A qué me refiero?

Como cualquier situación que atravesamos en nuestras vidas, no podemos vivir atrapados en el pasado. Lo mismo aplica para el fin de los tiempos. Lo que pasó, ya se terminó. Si nos concentramos viendo el retrovisor, es probable que terminemos chocando porque perdimos vista de lo que tenemos enfrente.

En pocas palabras: vive en el ahora, porque es lo único que tenemos. Los intentos de tener una vida civilizada como si un apocalipsis no estuviera pasando son valiosos. Éstos nos recuerdan que somos humanos después de todo. Sin embargo, no vamos a poder mantenernos estáticos para siempre. Así como en el mundo pre-apocalíptico adoptábamos nuevas actitudes ante los retos, en este nuevo planeta también deberemos ser inteligentes para estar en el mejor estado que podamos. Tener la cabeza en el lugar correcto puede salvarnos.

Después de poner nuestras mentes donde pertenecen, deberemos encargarnos de las habilidades físicas. Las pautas que hemos visto anteriormente en esta guía son justo las aptitudes que vas a necesitar: conseguir alimento y comida, pelear contra los zombies, ubicar refugios. Lo que puedes hacer para mejorar es no rendirte. Creo que con excepción de las personas a las que les gustaba practicar la supervivencia como un hobbie, muy poca gente sabe realmente cómo prender una fogata con dos palos de madera. Si llega el apocalipsis, no querrás que te agarre con las manos atadas detrás de la espalda. Tendrás que saber armar fogatas, conseguir agua limpia (y si no está limpia, filtrarla), cazar animales para alimentarte, tratar heridas con pocos recursos, construir armas con ramas, palos y cuchillos… la lista sigue. No puedes saber hacer todo, pero sí puedes tener la pericia y valentía para intentar saber hacer todo. La clave está en que utilices tu lógica lo mejor que puedas.

¡Recuerda tus clases de química básica, los programas de televisión de zombies, las películas de supervivencia! Suena tonto, pero es muy útil para estas ocasiones extremas. Por ejemplo, si necesitas agua, ¿buscarías un río en tierra seca o te guiarías por tierra húmeda?

Trata de guiarte por tu instinto. No puedo asegurarte que vaya a funcionar todo lo que hagas, pero esto no significa que estés haciendo las cosas mal. No hay reglas para la supervivencia; sólo haz lo que te funcione a ti y a tu grupo. Lo que quiero enfatizar es que sepas que vas a tener que cambiar tus costumbres te guste o no. Afuera, en medio de la crisis, tendrás que prepararte para lo que venga.

¡No te desanimes y no te rindas!

- Corre cuando puedas hacerlo

No puede quedar más claro este punto: si puedes correr, no dudes. No siempre vas a tener que pelear, sino que a veces tendrás que salvarte a toda costa. Si te encuentras en una situación sin salida, no te esfuerces más de lo que debes. A veces, la única solución es escapar por la derecha. ¡Nada de vergüenza en escapar! No tienes que ser un héroe ni tienes nada que demostrar.

- Asegúrate de poderte comunicar con otros supervivientes

Este punto tiene truco, pues, ¿cómo estar en contacto con otros supervivientes en medio de un apocalipsis zombie?

Las líneas comunicativas se caerán, seguramente. Toda la infraestructura de comunicaciones va a quedar fuera de servicio; no habrá teléfonos, internet, máquinas de fax, correo electrónico ni correo tradicional. Sin seres humanos que pongan en funcionamiento los medios, no hay manera de mantener el contacto. ¿Entonces por qué decimos en esta guía de supervivencia que es importante la comunicación? Porque quienes hablan resuelven sus problemas. Cuando el mundo se termine y todo esté ardiendo en llamas será vital que puedas saber dónde está tu grupo u otras personas que te ayuden a sobrevivir.

Quiero que tomemos este punto en sus dos acepciones diferentes. Por un lado, primero debes asegurar, literalmente, los medios de comunicación. Puedes olvidarte de todo aquello que necesite internet, pilas o corrientes eléctricas, por lo menos por un tiempo. Si tienes la destreza, quizás puedas domesticar unas palomas para que sean tus mensajeras, ¡quién sabe! Pero si no sabes cómo hacer que un pájaro lleve tus papeles de un lado a otro, entonces te recomiendo que te idees otros medios: la clave es que tu grupo reciba el mensaje.

Digamos que sales a una expedición para buscar suministros y quieres decirle a tu grupo que siga tu camino para que te ayuden a llevar las cosas de vuelta al campamento. ¿Cómo pasarles el mensaje? En vez de mandar un texto o un fax, puedes dejar notas en sitios vistosos: el parabrisas de un auto, la vitrina de una tienda.

. . .

Aquí te invito a explotar tu creatividad al máximo. Mientras tu grupo sepa cómo encontrarte, lo estás haciendo bien.

Por otro lado, no sólo tendrás que idearte medios de comunicación nuevos, sino que deberás trabajar en tus habilidades para expresarte. En medio de una crisis no hay lugar para la falta de asertividad. Al contrario, debes saber cómo decir lo que piensas. Practica tu asertividad; habla con claridad y no guardes silencio si hay algo que de verdad quieres y tienes que decir. ¡Quién sabe! No sabes qué puede salvarte la vida hoy. Cuando estás con un grupo de personas desconocidas, debes esperar los desacuerdos, más si los instintos de supervivencia de cada quien salen a flote. Por esta razón no puedes permitirte no comunicarte correctamente: ésta es la clave para que no te alcancen nunca los zombies. Tanto por un tema tan simple como los suministros como otro tan complicado como la toma de decisiones sobre el destino del grupo, todos debemos contribuir con nuestra opinión siempre que sea necesario. ¡Y no te descuides!

A veces será preferible que no digas nada si no tienes que hacerlo: el silencio es también tu mejor amigo si quieres aceptarlo. En resumen, aprende a leer las situaciones. Cuando sea necesario, habla; si no, no hables.

- Consigue un medio de transporte y consérvalo el mayor tiempo posible

Para escapar de los zombies te será útil tener algo más que tus propias piernas. ¡Los medios de transporte son esenciales! Hay diversos tipos de medios que puedes escoger, así que a continuación te ofrezco una lista de ventajas y desventajas de cada uno. Decide tú qué es lo que más te conviene.

Lo primero que a todos se nos ocurre es conseguir un auto. Puedes llevarte tu propio carro o conseguir uno en la calle. Las ventajas de este medio de transporte es que puede servirte para más que sólo llevarte de un lado a otro. Puedes dormir en el carro, protegerte de los zombies y de otras personas, usarlo para buscar suministros, guardar ahí tus cosas. Además, a menos que estés en el campo o en medio de una carretera, lo más seguro es que haya autos por todos lados. No te van a faltar opciones, y puedes encontrar uno en cualquier lugar. La desventaja más grande es muy obvia: la batería y la gasolina. Si se te acaba la batería del coche, ¿dónde vas a conseguir otra? Y si ya no tienes gasolina, ¿qué harás?

No creo que las gasolineras estén en completo funcionamiento en medio del caos. Puede que tengas suerte y cargues mucha gasolina antes de salir de viaje, pero eso sería dejar a manos de la fortuna tu propio destino. Recomiendo este medio de transporte si quieres tener muchas opciones para moverte, pues es fácil conseguir automóviles.

Otro medio de transporte puede ser una casa rodante.

Las ventajas de este transporte es que puede servirte de refugio también. Allí tendrás una cama donde dormir y un baño al cual acudir; tienes suficiente espacio para vivir semi-decentemente. Además, es muy grande: podrías usarlo para derribar una horda de criaturas si tienes que hacerlo. La desventaja es que un camión tan grande no lo sabe manejar todo el mundo. Y un objeto tan grande también es más lento y más torpe. Si esperas huir de un sitio a 160 kilómetros por hora, no puedo asegurarte que puedas lograrlo. Sugiero este medio de transporte si buscas refugio inmediato.

. . .

La siguiente opción es una motocicleta. Aquí sí tendrás velocidad y agilidad, ¡lo aseguro! Si quieres moverte sin otras personas, te recomiendo que uses una motocicleta.

Necesitarás menos gasolina, podrás transportarte rápido y, quizás, llames menos la atención. Sin embargo, ¡peligro!

Una moto te deja en completa exposición. Será más sencillo que un zombie te tumbe o te jalonee porque tendrás el cuerpo completamente sin protección. Además, no podrás cargar muchas cosas contigo ni mucho menos dormir en la moto. Recomendaría este medio de transporte sólo para supervivientes experimentados. Sugiero este medio de transporte si buscas velocidad.

Por último, pienso que sería bueno conseguir una bicicleta. Una bici es buena si quieres no depender nunca de la gasolina ni de la batería de un auto. Es silenciosa y puedes ir tan rápido como tu cuerpo te lo permita. No obstante, lo malo de este medio de transporte pesa más que lo bueno, con mucha pena. En primer lugar, tienes la misma desventaja que con la motocicleta: exposición.

Además, con la bicicleta dependes completamente de tu propia energía para moverte. Si no has comido ni dormido en días, lo más seguro es que te canses más pronto de lo deseado. Una bici puede romperse con facilidad; alguien podría robártela si te distraes; y no puedes recorrer grandes distancias. Recomiendo este medio de transporte si necesitas moverte en distancias cortas.

- Prepárate para matar muchos, muchos zombies

Este punto es obvio, pero no por ello debe ignorarse. No sólo debes prepararte mentalmente para enfrentarte a los retos de supervivencia básica del nuevo mundo, sino también para enfrentarte a los muertos vivientes. Imagínate esto: somos más de siete mil millones de personas en el planeta. Ahora imagínate que el noventa por ciento de la población humana se convirtió en estas criaturas. Este porcentaje implica que, al menos, habrá más de seis mil millones de personas que querrán comerte el cerebro y arrancarte los sesos. ¡De miedo! No digo que busques matar a todos los zombies, pero sí ten en mente que habrá muchos muertos vivientes que tendrás que sacar de su miseria. Alista tus armas, calienta tus músculos para correr, y prepárate para lo que se avecina. ¡No dudes en disparar esa pistola! Los zombies no dudarán en atacarte a ti.

- Cuídate de los demás seres humanos

Lo sé, ¿no se supone que la unión con otras personas hace la fuerza? Lamentablemente, no siempre. Quise cerrar con este punto la lista de qué hacer *durante* el apocalipsis zombie porque, como ya sabemos, el peor enemigo de los seres humanos son otros seres humanos.

Somos depredadores; somos seres emocionales, impulsivos, temerosos; podemos, también, llegar a ser o muy débiles o muy agresivos. Hay demasiadas variables, y no recomiendo que intentes descubrirlas todas. Piensa esto: en medio de una crisis llegamos a hacer todo lo posible para sobrevivir. No cuentes que todos vamos a conservar nuestra humanidad, aquello que nos hace ser capaces de vivir en paz en una comunidad. La regla es simple.

Vivimos en cierta paz porque hay reglas que nos rigen; hay gobiernos que nos guían y vigilan; hay sanciones si alguien hace lo que no debería. Puedes pensar que las reglas son útiles o que son represivas; eso no importa. Lo cierto es que debes prevenir que en un apocalipsis zombie seguramente habrá personas que saquen lo mejor y peor de ellas. Por ello, debes tener mucho cuidado cuando te encuentres con otras personas. No dudes ni te aventures si no debes hacerlo.

Sé que es difícil cumplir este consejo, así que lo que sugiero para estas situaciones es lo siguiente. Primero, guíate por la desconfianza.

Hasta que no hagas un reconocimiento del terreno que pisas, no bajes tu defensa.

. . .

Conoce al sujeto frente a ti: hazle preguntas sobre sus intenciones y lo que ha hecho en el apocalipsis, revisa que no tenga armas y verifica que no tenga un grupo escondido en los arbustos. Es muy incómodo no creer en nadie, pero es lo que nos mantiene vivos y seguros. Segundo, cuídate de los espías y las sombras. Es decir, cuida que nadie te siga cuando no debe hacerlo. Esto aplica para cualquier caso. Puede que te estén siguiendo para quitarte tus suministros o asaltar tu campamento. De cualquier manera, más vale prevenir. Por último, no tengas miedo de enfrentarte a nadie. Sé que es más fácil dicho que hecho, pero no hay opción en un apocalipsis. Prepárate, porque lo más probable es que tengas que pelearte con unos cuantos extraños. Busca un grupo fuerte y decídete a proteger lo que han conseguido hasta ahora. ¡Pero no todo está perdido! Siempre podrás encontrar personas de confianza, sólo que no asumas todo el tiempo que ellas serán el común denominador.

Después del apocalipsis zombie

Pensar en una vida después del ataque de los muertos vivientes parece algo irreal incluso para mí, quien soy quien está escribiendo esta guía de supervivencia. Las películas, videojuegos, series o cómics no siempre nos muestran lo que pasa después de que los protagonistas sobreviven o cumplen su misión apocalíptica.

Es decir, sí vemos que hay un mañana, un arcoiris después de la tormenta, pero no conocemos a profundidad cuáles son las implicaciones de la vida que llega después del caos. Asumiendo que sí sobreviviste, que yo espero que sí, ¡felicidades! Ahora es momento de seguir a como dé lugar. ¿Qué hacemos una vez que superamos los retos? ¿Cómo nos reagrupamos? ¿Acaso es posible recrear la civilización como era antes? Bueno, recordando algunas ideas que ya discutimos con anterioridad, en realidad no es posible que el mundo y la humanidad vuelva a ser exactamente como era antes. ¡Imagínate cuántos zombies tendrías que matar para lograr que el planeta vuelva a ser un lugar seguro! Sin embargo, hay algunas cuantas ideas que quiero proponer en la última sección de este capítulo. Estas ideas ya no caen en la categoría de reglas o pautas a seguir para la supervivencia. Por el contrario, lo que busco es que podamos explorar algunos de los pensamientos que tendremos una vez que seamos de las pocas personas que lograron vencer la amenaza zombie. No te preocupes, ahora que has vivido sólo te resta reconstruirte a ti. ¡Sin presiones!

- ¿Existen los santuarios?

En una de mis películas favoritas de zombies el protagonista se encuentra con diferentes grupos de personas que tienen la esperanza de encontrar un santuario o refugio para supervivientes.

Nadie sabe por qué ir a ese lugar; no hay pistas de a dónde ir; no es seguro que aún esté en pie el sitio. Sin embargo, la esperanza se mantiene y los personajes continúan hasta, sorpresa, llegar al santuario.

Parece muy obvio que en medio del caos no existan lugares como estos, ¿cierto? Yo estaría de acuerdo contigo, pero creo que no es completamente imposible que un día te encuentres en el lugar más seguro en el que jamás has estado. Si has sobrevivido hasta ahora, seguro te estás preguntando hasta cuándo vas a tener que seguir corriendo y escondiéndote. La verdad, no hay respuesta segura. Los santuarios sí son posibles, hasta tú puedes crear uno, pero sólo aparecen con mucho trabajo, esfuerzo y dedicación. Lo que importa pensar en el apocalipsis zombie es en la vida que quieres tener; es decir, importa pensar en el después. De esta manera nacen los santuarios y sitios seguros. Lo que tocará para el nuevo mundo apocalíptico es tener una idea firme y llevarla a cabo. No puedo asegurarte que encontrarás santuarios, pero sí puedo decirte que es posible crearlos.

¿Qué vida quieres? ¿Cuáles son tus metas? ¿Qué quieres para tu grupo? En este punto de la guía de supervivencia quiero invitarte a que veas más allá del caos y la crisis.

Nunca dejes de buscar los santuarios y sitios seguros, ya sea que los encuentres o los crees tú. Es posible, por más imposible que parezca.

- ¿Alguien vendrá a rescatarme?

La eterna pregunta, ¿vendrá el rescate? No quiero decir absolutos; no quiero decir que sí o que no. Es posible que venga el rescate, y es posible que no venga;

tienes una posibilidad del cincuenta por ciento en ambos lados. Lo único que podemos hablar en este punto de la guía es que nunca des por perdida la esperanza por un rescate. El mundo es un lugar muy grande, y también hay muchas personas. Quizá puedas sorprenderte, ¡quién sabe! Mantente pendiente de las señales y de otros grupos de supervivientes.

- Si la ayuda nunca llega, intenta reconstruir tu vida

Para finalizar esta guía de supervivencia me pareció bien tocar este punto de último. Si la ayuda no llega, intenta reconstruir tu vida. Ya sé lo que estás pensando, ¿reconstruir la vida en qué sentido? ¿Acaso hay que volver a lo que éramos y teníamos antes, o acaso hay que buscar algo diferente? Como ya habrás leído, no podemos aspirar a que las cosas vuelvan a la normalidad. Quizá dentro de muchos años la humanidad logre dominar a los muertos, pero no creo que vayamos a ver eso en nuestra vida.

Por esta razón, el último punto es crucial para tener una vida después del apocalipsis. Sé que es difícil, pero debemos intentarlo por quienes han caído a lo largo del camino.

. . .

Lo que debemos hacer para reconstruir la vida es aceptar la realidad. Imagina esto como un proceso de duelo, pues sí estamos en duelo por lo que hemos perdido. El duelo se acabará una vez que aceptemos que nada volverá a ser como antes, y ya estando en el final podremos ver un nuevo comienzo. Con la aceptación vienen cosas nuevas y mejores para la situación que estamos viviendo. Pondré un ejemplo muy sencillo. Quizás antes creías que la idea de una buena vida era tener una familia, una casa, dedicarte a lo que te gusta y cumplir tus sueños. No obstante, la definición de una buena vida ahora significa simplemente estar respirando. Una vez que aceptes eso, podrás ponerte metas diferentes para la nueva realidad. Ya no sólo querrás respirar para vivir cada día, sino que ahora querrás construir un refugio seguro para todos o mantener alimentado a tu grupo a final de mes. ¡Quién sabe! Puedes poner el ejemplo que quieras.

La clave para adaptarse al mundo post-apocalíptico es buscar un propósito que nos recuerde por qué seguimos aquí y por qué debemos seguir. El mundo ahora es tuyo, literalmente.

. . .

Bueno, es de los muertos vivientes, pero si no te topas con ninguno de ellos tienes la cancha libre para hacer lo que quieras. Después de la tormenta tendrás que buscar todos los recursos interiores que tienes y buscar lo que sigue para ti. No te dejes derrotar por este mundo apocalíptico.

Piensa qué es lo que hará que salgas a buscar provisiones cada día; imagina lo que puedes llegar a hacer si te lo propones. Intenta reconstruir tu vida: sí es posible.

Conclusión

No queda mucho más que decir para cerrar este libro.

Hemos aprendido que los zombies pueden ser criaturas de lo más variadas según su origen, su representación y sus circunstancias. En este libro hicimos un recorrido histórico y aprendimos de todos los tipos de zombies que existen hasta ahora. Conocimos a los zombies originales, es decir, los zombies vudú; éstos nacieron de un ritual de vudú llevado a cabo en Haití. También tenemos a los zombies más populares de la segunda mitad del siglo XX: los muertos vivientes come-cerebros. De allí avanzamos a los infectados con los virus que los convierten en criaturas veloces y agresivas. Finalmente, terminamos con los zombies de la vida real, zombies que pueden ser tanto personas bajo los efectos de una sustancia ilegal o personas que se consideran muertas en vida.

La historia puede variar, pero, al fin y al cabo, siempre es la misma. ¿Por qué? Si investigadores como Wade Davis o Zora Neale Hurston nunca hubieran ido a Haití, ¿existiría el mito de zombies como es en la actualidad? Quizás no. ¿Y si sí hubieran ido, pero sus estudios no hubieran llegado a las instituciones académicas? Quizás las revistas nunca hubieran mostrado a los muertos vivientes, W. B. Seabrook nunca hubiera escrito *The Magic Island*, la película *White Zombie* no hubiera llegado a la pantalla grande... Y la serie continúa. A lo que voy con esto es que quiero resaltar que los zombies, sean parte de una historia de ficción o de un reportaje en la televisión, son resultado de nuestra imaginación. Y como tal, no digo que no sean reales. La imaginación humana es responsable de todas nuestras creaciones — instituciones, dinero, conceptos, organización social, disciplinas de estudio—, y ellas sí que son bien reales. Nuestra imaginación es tan poderosa que fue capaz de partir de la realidad — todo empezó en Haití — y crear una criatura que sobreviviría por décadas para llegar a convertirse lo que es en la actualidad. La magia de los zombies no está en su habilidad para revivir de la muerte, recibir miles de ataques o su gran velocidad al correr. Ellos son mágicos porque quienes los creamos tenemos la capacidad de crear cuantas historias quepan en nuestro ingenio.

En este libro hablamos sobre el origen de los zombies, sus tipos y características, sus representaciones, casos de la vida real y cómo sobrevivir un apocalipsis de muertos vivientes.

Sin embargo, hablar de los zombies es también hablar de nosotros mismos. ¿Somos diferentes a ellos? Te dejo la pregunta sobre la mesa. Tanto ellos como nosotros somos producto de nuestra propia creatividad. ¡Quizás lo único que nos distinga es que ellos van a vivir hasta el fin de los tiempos! Yo, por lo pronto, me declaro fan de los zombies hasta que sigan existiendo. Espero que tú también hayas disfrutado aprender sobre ellos.